Oliver Jung

Datenbereinigung und Datenübernahme von Altsystem nach mySAP ERP 2005 bei einem internationalen Automobilzulieferer

GRIN Verlag

Bibliografische Information der Deutschen Nationalbibliothek:

Die Deutsche Bibliothek verzeichnet diese Publikation in der Deutschen National-
bibliografie; detaillierte bibliografische Daten sind im Internet über http://dnb.d-
nb.de/ abrufbar.

Impressum:

Copyright © 2007 GRIN Verlag GmbH
Druck und Bindung: Books on Demand GmbH, Norderstedt Germany
ISBN: 978-3-638-90572-5

Dieses Buch bei GRIN:

http://www.grin.com/de/e-book/85377/datenbereinigung-und-datenuebernahme-
von-altsystem-nach-mysap-erp-2005

Datenbereinigung und Datenübernahme von Altsystem nach mySAP ERP 2005 bei einem internationalen Automobilzulieferer

Diplomarbeit

für die

Prüfung zum Diplom-Wirtschaftsinformatiker

(Berufsakademie)

im Studienbereich Wirtschaft

im Studiengang Wirtschaftsinformatik

an der

Berufsakademie

- Staatliche Studienakademie -

Ravensburg

Oliver Jung

25.09.2007

Inhaltsverzeichnis

Abbildungsverzeichnis

1. Einleitung

Migrationsprojekte, die mit einem Wechsel des ERP-Systems verbunden sind, sind meistens aufwendige Großprojekte, welche die Beteiligten über lange Zeit binden.

Neben den wichtigen Elementen einer Migration wie der Umstellung der Hardware, der Softwareimplementation und der Schulung der Mitarbeiter auf das neue System ist auch ein weiteres Teilprojekt von enormer Wichtigkeit: Die Datenübernahme. Ein frisch aufgesetztes SAP-System kann noch so modern und leistungsstark sein – ohne dass es zunächst mit den betriebsrelevanten Daten gefüttert wird, kann man es nicht produktiv einsetzen. Was ist jedoch die geeignete Vorgehensweise, wenn man Daten sicher übertragen will? Wie genau sollte eine Datenübernahme vorbereitet werden? All dies sind Fragen, denen in dieser Arbeit nachgegangen werden soll.

Im Gegensatz zu der Einführung bzw. Entwicklung von Softwaresystemen gibt es für die Übernahme von Altdaten kein einheitliches Vorgehensmodell. Wenn ein System über die Jahre gewachsen ist, fehlt bei den Mitarbeitern zusätzlich eventuell auch das nötige Fachwissen, eine Migration der Daten erfolgreich durchführen zu können. Ohne eigene Erfahrungswerte und einheitliche Modelle kann man aber bei einem derart komplexen Thema leicht den Überblick verlieren.

Dazu kommt noch die Thematik, dass Daten nicht einfach sorglos übernommen werden können. Gerade bei langjährig im Einsatz gewesenen Systemen wird es zwangsläufig viele Daten geben, welche im einen oder anderen Punkt nicht den Kriterien des neuen Systems entsprechen. Daher muss auch das Thema der sogenannten „Datenbereinigung" im Zuge einer Datenübernahme besonders beachtet werden.

1.1. Ziel der Diplomarbeit

Wenn man einfach die Datenbank des Altsystems kopieren könnte, das neue System diese Datenbank kurz analysieren und vielleicht noch die Daten bereinigen würde und man schließlich mit dem neuen System arbeiten könnte, gäbe es gar kein Problem mit einer Datenübernahme.

Da dem nicht so ist, sondern hingegen es eine Menge zu beachten gibt bei einer Datenmigration, soll es ein Ziel dieser Arbeit sein, in diesen Themenkomplex einzuführen.

Der Fokus liegt hier eindeutig auf SAP und den SAP-eigenen Methoden zur Datenübernahme. SAP ist ein bekanntes Softwareunternehmen und deren ERP-Lösung findet international immer mehr Verbreitung. SAP bietet dabei speziell für das Themengebiet der Datenübernahme eine ganze Anzahl von Möglichkeiten, wie Daten sauber und korrekt übernommen werden können.

An erster Stelle steht somit zunächst eine Einführung in diese Möglichkeiten, Daten aus einem Altsystem nach mySAP zu übertragen. Es sollen zunächst die Grundlagen über Datenmigration und Datenbereinigung aufgezeigt werden und darauf aufbauend dann die bekanntesten und wichtigsten SAP-spezifischen Datenübernahmemöglichkeiten erläutert werden.

Ein weiteres Ziel ist es, diese Verfahren anschließend genauer zu analysieren und deren Vorteile und Nachteile herauszuarbeiten. Darauf aufbauend kann dann bereits eine grobe Einschätzung gegeben werden, für welche Anwendungsfälle sich welche Vorgehensweise am besten eignet. Dies soll anhand einer kurzen Evaluation und grafischer Darstellung dann nochmals verdeutlicht werden.

In dieser Arbeit soll auf diese Erkenntnisse aufbauend dann schließlich ein Vorgehens-schema für Datenmigrationen entwickelt werden. Dies ist sinnvoll, da es derzeit keine einheitlichen Vorgehensmodelle für Datenmigrationen gibt und so ein gut verständlicher „Ablaufplan" vermittelt wird, der auch bei eigenen Datenübernahmeprojekten Anwendung finden kann.

1.2. Vorstellung des Unternehmens

Das Unternehmen Cooper Standard Automotive International Division (CSAID, im Fol-genden „Cooper") ist ein international tätiger Automobilzulieferer. Es stellt sogenannte „Sealing Systems" und „Fluid Systems" her. Dies sind Gummidichtungen für die Autotüren und z.B. Bremsleitungen. Weiterhin produziert Cooper Heizungen, Kühlung & Air-Conditioning, Servolenkungen und Abgassysteme.

Cooper hat 19000 Beschäftigte in 78 Zweigstellen in 17 Ländern. Unter anderem produ-ziert Cooper in USA, Brasilien, Indien, Polen, Tschechien, Großbritannien, Frankreich, Spanien und Deutschland. Die IT-Zentrale des Unternehmens für Europa liegt am Stand-ort Schelklingen. Dieser wurde als „Metallwarenfabrik Schelklingen" gegründet und später von „Siebe Automotive" aufgekauft. Siebe wiederum wurde von „Cooper Tire & Rubber" im Jahr 2000 aufgekauft und das Werk wurde in die internationale Unternehmensstruktur integriert.

2005 spaltete sich das Unternehmen in zwei unabhängige Konzerne „Cooper Tire" und „Cooper Standard". Erstere konzentriert sich seitdem auf das amerikanische Kerngeschäft und die Produktion von Autoreifen.

Für die Inbetriebnahme des europäischen Rechenzentrums wurde eigens die IT-Zentrale in ein eigenes Gebäude outgesourced. Im Rechenzentrum der IT stehen die Server der in den einzelnen Werken verwendeten ERP-Systeme. Ebenso läuft über dieses Rechen-zentrum der europäische Mailverkehr des Unternehmens.

Am Standort Schelklingen fand auch die praktische Ausbildung in den Praxisphasen der Studienzeit statt. Derzeit wurde mit ITT ein weiterer Automobilzulieferer aufgekauft, der Aufkauf von Metzeler Automotive steht kurz bevor. Somit expandiert das Unternehmen beständig, was insbesondere auch die IT vor große Herausforderungen stellt.

1.3. Vorstellung des Migrationsprojektes von Cooper

Schon im Jahre 2005 war bei Cooper die Erkenntnis gereift, dass die derzeitigen, verschiedenen ERP-Systeme in den einzelnen Werken und Ländern allesamt an ihre Grenzen stoßen würden. Der Support für das in Deutschland verwendete ERP-System FORS sollte in den nächsten Jahren von Atos eingestellt werden und daher war der Wunsch nach einem neuen System verständlich. Erklärtes Ziel war es, am Ende europaweit ein einheitliches ERP-System in allen Werken zu haben.

Bereits zu diesem Zeitpunkt wurden umfangreiche Anforderungsdokumente erstellt und eine Evaluation der auf dem Markt befindlichen Produkte gestartet. Über ein Jahr danach war dann die Wahl auf SAP gefallen.

Als erstes sollten die Werke in Frankreich, danach in Deutschland auf das neue System wechseln.

Gemeinsam mit der AllForOne Systemhaus AG wollte man diese Aufgabe meistern. Es wurde neue Hardware beschafft sowie eine Testinstallation von SAP vorgenommen. Ebenfalls wurde das spätere Design, der Funktionsumfang etc. genau definiert und der Soll-Zustand des künftigen SAP-Systems entwickelt.

Der nächste Schritte war nun, das neue System zu customizen, wofür Berater und Entwickler von AllForOne bei Cooper vorstellig waren.

Sobald das neue System dem Business Blueprint gemäß eingerichtet und konfiguriert ist, wird dann im nächsten, entscheidenden Schritt die Übernahme der Daten aus dem alten ERP-System erfolgen. Gleichzeitig, während das neue System noch vorkonfiguriert wird, kann dabei bereits die Vorbereitung zur späteren Datenmigration erfolgen.

Besonders in dieser Vorphase der Datenmigration liegt das Hauptaugenmerk dieser Diplomarbeit. In dieser Phase entsteht der Hauptaufwand, da hier die Analyse des Altsystems ebenso erfolgen muss wie die Festlegung auf eine Vorgehensweise, eine Übernahmemethode etc.

Wie allgemein ein solches Datenübernahmeprojekt anzugehen ist, auf was man achten sollte und wie die SAP-eigenen Mittel sinnvoll eingesetzt werden können, soll diese Arbeit mit Hilfe eines abschließenden Praxisbeispiels aus dem Projektumfeld bei Cooper veranschaulichen.

2. Einführung in die Thematik

Das Gebiet der Datenmigration und Datenbereinigung mag leicht verständlich und übersichtlich klingen, wenn man diese Begriffe das erste Mal zu hören bekommt. Man migriert Daten, also überträgt sie von einem System zu einem Anderen. Doch so einfach wie es am Anfang klingt, ist es bei weitem nicht.

Denn zunächst ist die Frage zu stellen, wie genau Daten eigentlich übertragen werden. Welche Methoden gibt es speziell von SAP, um von Altsystemen Daten einspielen zu können? Auf diese Fragen soll das folgende Kapitel eine Antwort geben. Es wird die Begriffe der Datenmigration und vor allem auch der Datenbereinigung in der Theorie vorstellen und wichtige Grundkenntnisse vermitteln. Daran wird sich eine Einführung in die zwei wichtigsten Methoden und Werkzeuge zur Datenübernahme von SAP anschließen.

Danach ist das Rüstzeug für die spätere, genauere Betrachtung der Übernahmemethoden von SAP gooohaffon.

2.1. Begriffsklärung

Zunächst soll im Folgenden das Themengebiet der Datenübernahme näher beleuchtet werden. Es wird erläutert, was Datenmigration genau ist und warum dieses Gebiet in jedem Migrationsprojekt einen der wichtigsten Teilprozesse bildet. Auch der Zusammenhang zwischen Datenübernahme und Datenqualität, bzw. Datenbereinigung wird näher beleuchtet. Dieses Grundverständnis ist wichtig, um später verstehen zu können, was die Datenübernahmemethoden von SAP genau machen und um ein Gespür für die Wichtigkeit von konsistenten Datenbeständen zu vermitteln.

2.1.1. Datenmigration

Wenn man von „Migration" spricht, ist damit in der Informationstechnik natürlich nicht die Wanderbewegung von Völkern, Tieren, Planeten oder ähnlichem gemeint. Der Begriff „Migration" steht allgemein für „(aus)wandern"[1]. In der EDV bedeutet dies also quasi eine Wanderung von etwas altem hin zu etwas neuem. Alte Technologie wird z.B. in neue Technologie integriert.[2]

Grundsätzlich wird in der Informationstechnik zwischen zwei Arten der Migration unterschieden, der sogenannten „Softwaremigration" und der „Datenmigration".

Bei dem dieser Arbeit zugrundeliegenden Projekt handelt es sich sowohl um eine Softwaremigration als auch um eine damit einhergehende Datenmigration, die auszuführen ist.

---

[1] [Meyers]

[2] [ITWissen.info]

Die Software – in diesem Falle das alte ERP-System – wird gewechselt, wofür daraufhin dann die alten Daten übernommen werden müssen.

Sobald Daten von einem Medium auf ein anderes bzw. von einem System zu einem anderen übertragen werden, kann man von Datenmigration sprechen.[3] Wenn neue Softwaresysteme in einem Unternehmen eingeführt werden ist es unerlässlich, dass die produktiven Daten sowie wichtige historische Daten, die für das Weiterarbeiten von Nöten sind, in das neue System übertragen werden.

Diese „Fütterung" des Neusystems mit Daten, ist ein wichtiges Teilprojekt jedes Migrationsprojektes und kann einen Großteil der Projektressourcen binden[4].

Datenmigration und Datenübernahme sind daher also synonym verwendete Begriffe für den ganzen Teilbereich der Auswählung von betriebswirtschaftlichen Daten aus einem Altsystem und deren Übertragung ins neue System, z.B. SAP.

Genauer gesagt ist bei der Übertragung von Altdaten aus ERP-Systemen die Übernahme von sogenannten Stammdaten und Bewegungsdaten gemeint. [5]

Es gibt in der Theorie drei verschiedene Arten, wie ein Migrationsprojekt generell durchgeführt werden kann. Hierbei wird zwischen weicher, integrativer und harter Migration unterschieden.[6]

Weiche Migrationen laufen quasi in mehreren Schritten ab, in welchen Alt – und Neusystem teilweise parallel betrieben werden und der Umstieg ebenfalls Stück für Stück erfolgt.

Noch anspruchsvoller als diese Methode ist die integrative Migration, bei welcher das neue System auf die Datenbestände des Altsystems zugreifen und mit diesen arbeiten kann. Dies erfordert erheblichen Programmieraufwand, was in der Praxis meist dazu führt, dass man sich für andere Optionen entscheidet, wie zum Beispiel die „harte Migration", den „Big Bang", bei welchem der Umstieg auf das neue System zu einem gewissen Stichtag erfolgt und die Daten nur einmal „initial" übernommen werden. [7]

Um eine Datenmigration erfolgreich durchführen zu können, müssen dafür zunächst aus der gesamten Datenmenge des Altsystems die relevanten Daten ermittelt werden. Diese können wie bereits beschrieben in „Stammdaten" und „Bewegungsdaten" unterschieden werden.

---

[3] [Pentadoc.de]

[4] [Willinger 2003]: S. 11

[5] [Willinger 2003]: S. 37, S. 313

[6] [Pentadoc.de]

[7] [Pentadoc.de]

Stammdaten sind hierbei jene Daten, welche über längere Zeit unverändert bleiben und Informationen enthalten, welche immer wieder benötigt werden.[8]

Bei Bewegungsdaten handelt es sich im Umkehrschluss um veränderliche Daten, welche aktuell sein müssen und für das operative Geschäft wichtig sein können.

Alte Bewegungsdaten sind z.b. Buchungsbelege und damit historische Daten, welche aber immer noch für Auswertungen herangezogen werden können und somit von Wichtigkeit sein können. [9]

Wenn man sich mit der Frage befasst, wie denn Daten generell übertragen werden können, stößt man meistens auf sogenannte Importtechniken.

Dabei werden die Daten aus den alten Quellen in Dateien ausgelesen, welche einem vordefinierten Aufbau genügen müssen. Diese werden dann in das neue System geladen, welches aus den Dateien die Daten extrahiert und in die Datenbank einpflegt.

Ebenfalls besteht die Möglichkeit, dass die Daten direkt über Schnittstellen ins neue System gelangen. Hier werden sie dann meist zwischengespeichert und mit speziellen Tools wird dann eine Anpassung der Altdaten an die Gegebenheiten des neuen Systems vorgenommen.[10]

Wenn Daten von einer Datenbank in eine andere übertragen werden sollen, muss man sich in diesem Zusammenhang auch die Anforderungen eines Datenbankmanagementsystems an die Daten näher betrachten.

Dabei ist eine wichtige Anforderung an Datenbanken, dass deren Daten frei von Redundanzen sind und die Datenintegrität sichergestellt ist[11].

Unter Datenintegrität versteht man dabei, dass die Daten in unveränderter Form (also im Originalzustand) vorliegen.[12]

Unter „Redundanz" versteht man den Grad für die „Überflüssigkeit" von Informationen, d.h. im Kontext von Datenspeicherung dass Daten mehrfach gespeichert werden, bzw. die Informationen mehrfach im Datenbestand vertreten sind.[13]

Insbesondere die Redundanzfreiheit wird im Laufe dieser Arbeit noch häufiger von Bedeutung sein, wenn es um das Thema „Duplettenprüfung" geht.

---

[8] [Willinger 2003]: S. 19

[9] [Willinger 2003]: S. 19

[10] [Willinger 2003]: S. 194

[11] [Kleuker]: S. 6

[12] [Hansen]: S. 175

[13] [Hansen]: S. 1055

Mit den Anforderungen, wie die Daten beschaffen sein müssen, um korrekt migriert werden zu können, befasst sich innerhalb der Datenmigration eine ganz eigene Unterkategorie. Die Rede ist hierbei von der „Datenbereinigung" oder dem „Data-Cleansing". Was genau darunter zu verstehen ist und welche Anforderungen noch an qualitativ „korrekte" Daten gestellt werden, wird im Folgenden gezeigt werden.

2.1.2. Datenqualität

Im Zuge einer jeden Datenübernahme ist man vor die Frage gestellt, welche Daten des Altsystems wichtig sind und welche nicht. Damit Daten effektiv verarbeitet und interpretiert werden können müssen diese ausgewählten Daten darüber hinaus auch gewissen Qualitätsanforderungen entsprechen. Um dies zu gewährleisten, sollte bei einem Datenmigrationsprojekt immer auch großer Wert auf die Datenbereinigung und somit auf die Herstellung einer hohen Datenqualität gelegt werden.[14]

Was genau versteht man nun aber unter dem Begriff „Datenbereinigung"?
Datenbereinigung beschäftigt sich mit dem Erkennen und Entfernen von Fehlern und Inkonsistenzen in Daten um deren Qualität zu verbessern.[15]
Darunter versteht man einerseits, dass die Metadateneigenschaften von Quell- und Zielsystem kompatibel sind.[16]
Darüber hinaus bedeutet Datenqualität allerdings nicht nur eine Prüfung der Datenstruktur sondern auch eine semantische, inhaltliche Überprüfung der Daten.
Hierbei werden z.B. Maßnahmen zur Reduktion des Datenvolumens angewandt, um den Datenbestand von unnötigen, veralteten oder falschen Daten zu säubern.
Bei dieser Analyse des Altdatenbestandes sollen somit jene Daten gefunden und entfernt werden, welche im operativen System später keine Verwendung mehr finden.
So kann eine konsistente Datenbasis für das Neusystem generiert werden.[17]
Eine einfache, schablonenhafte Einteilung der Daten in qualitative gute und schlechte Daten kann so leicht allerdings nicht erfolgen. Es müssen vielmehr eine ganze Reihe von Kriterien überprüft werden, welche insgesamt qualitativ „gute" Daten ausmachen.[18]

Um eine etwas genauere Einteilung der einzelnen Stufen der Datenqualität zu geben, beschreibt z.B. das Unternehmen Informatica folgende 6 Schlüsselkriterien:

---

[14] [Müller]: S. 8
[15] [Rahm]: S. 1
[16] [Informatica]: S. 4
[17] [Willinger 2003]: S. 20
[18] [Informatica]: S. 5

Vollständigkeit, Konformität, Konsistenz, Fehlerfreiheit, Duplikatfreiheit und Integrität[19]

Abbildung 1 Datenqualität Kriterien (Quelle: Informatica)

In der zugrundeliegenden Literatur gibt es weitere Ansätze, in welche Kriterien die Daten-qualität zu unterteilen ist und in welche Hierarchie diese Kriterion zu gliodorn sind.
So steht bei [Müllor] dio Fohlorfreiheit (Akkuratheit) an oberster Stelle, unter welcher sich Sub-Kriterien wie Integrität, Konsistenz und Datendichte gruppieren. Diese gliedern sich wieder in weitere Sub-Kriterien.[20]

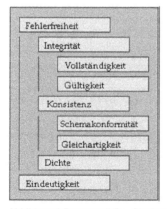

Abbildung 2 Datenqualität – Struktur (Quelle: Müller)

Zusammengefasst kann gesagt werden, dass unter dem Stichwort Datenqualität die Auf-gaben der Qualitätssicherung des Datenbestandes verstanden werden können.

---

[19] [Informatica]: S. 5
[20] [Müller]: S. 8

Gerade bei einem Datenmigrationsprojekt ist es wünschenswert, keine Daten in ein neues System zu übernehmen, welche lückenhaft oder mit Fehlern behaftet sind. Auch doppelte Einträge und Karteileichen sollten vermieden werden. Im weiteren Verlauf der Arbeit werden die einzelnen Kriterien der Datenqualität immer wieder Verwendung finden und abschließend ein Datenbestand auch auf jene Punkte wie Fehlerfreiheit etc. beispielhaft überprüft werden.

2.2. Methoden zur Datenübernahme

Nachdem nun allgemein definiert wurde, was man unter dem Begriff Datenmigration bzw. Datenübernahme zu verstehen hat und worauf hierbei zu achten ist, soll nun der Frage nachgegangen werden, welche Methoden es speziell für den Fall einer Migration nach SAP gibt, die Daten ins neue ERP-System zu übertragen.

Als Interne Methoden innerhalb von SAP stehen hierbei zunächst die Verfahren Batch-Input sowie Direct-Input und sogenannte BAPIs oder IDocs zur Verfügung.[21]

Auf letztere wird im späteren Verlauf noch näher eingegangen. Zunächst werden an dieser Stelle die wichtigsten Verfahren kurz vorgestellt.

Beim Direct-Input Verfahren werden die Daten direkt in das SAP-System übernommen. Die SAP-Datenbank wird dabei direkt mit den übernommenen Daten befüllt.[22]

Direct-Input wird auch als kontrolliertes, direktes Schreiben auf die Datenbank bezeichnet.[23]

Dieses Verfahren ist allerdings nur für sehr große Datenvolumen zu empfehlen, da beim Einlesen nur rudimentäre Prüfungen erfolgen und es wird daher im Folgenden nicht weiter vertieft.[24]

Besonders soll in dieser Einführung zunächst auf die gängigen Wege über Batch-Input Verfahren und die Legacy System Migration Workbench, kurz LSMW eingegangen werden. Im weiteren Verlauf der Diplomarbeit wird auf diese hier vermittelten Grundkenntnisse wieder zurückgegriffen.

Es sei noch erwähnt, dass es eine weitere Möglichkeit gibt, mit SAP Daten zu übernehmen, welche hier allerdings nicht behandelt wird: Das „Computer Aided Test Tool" (CATT). Es wird in dieser Arbeit außer Acht gelassen, da es die geringste Mächtigkeit der

---

[21] [help.sap.com]: Techniken der Datenübernahme

[22] [help.sap.com]: Techniken der Datenübernahme

[23] [Willinger 2003]: S. 42

[24] [Willinger 2003]: S. 265

zur Verfügung stehenden Methoden aufweist und vom ursprünglichen Entwurf für Test-szenarios und nicht für Datenübernahmen vorgesehen war. [25]

2.2.1.   Batch-Input Mappen

„Batch-Input ist eine der wichtigsten Methoden für die Übertragung von Daten in das R/3-System. Batch-Input wird für Massendatenübernahmen und nicht für fast Realtime-Datenübernahmen verwendet."[26]

Diese Definition der SAP zeigt schon sehr deutlich, wofür Batch-Input konzipiert wurde. Es ist auf die Übertragung von großen Datenmengen bei einer initialen Datenübernahme (vgl. „harte Migration") ausgelegt.

Beim Batch-Input-Verfahren wird im Grunde ein manueller, vom Nutzer gesteuerter Transaktionsablauf einer beliebigen SAP-Transaktion simuliert und die Daten so über-nommen, als würden sie von Hand in die Bildschirmmasken eingegeben werden. Dadurch ist z.B. bereits das Qualitätskriterium eines konsistenten Datenbestandes gege-ben, da durch das Abarbeiten der Transaktion auch alle mit dieser verknüpften Prüfungen durchlaufen werden. Somit können keine fehlerhaften Daten ins System gelangen, die Transaktion würde sonst abbrechen und einen Fehler melden.[27]

Der Ablauf eines Datenimports via Batch-Input ist generell in mehrere Schritte zu unterteil-len.[28]
Vorraussetzung für das Durchführen eines Batch-Inputs ist die Erstellung einer sogenann-ten Batch-Input-Mappe.
Eine Batch-Input Mappe ist dabei eine Stapelverarbeitung bei SAP. Genauer definiert besteht sie aus einer Reihenfolge von Transaktionscodes und Dynpro-Aufrufen mit den dazugehörigen Daten.[29]

Eine einmal erstellte Mappe wird dann vom Anwender „abgespielt", das heißt, die einzel-nen in der Mappe hinterlegten Transaktionen und Bildschirmmasken werden automatisch aufgerufen. Hierbei werden die Eingabefelder der jeweiligen SAP-Transaktion im Hinter-grund mit den Daten aus der Batch-Input-Mappe versorgt.
Im Grunde ruft also eine Batch-Input-Mappe automatisch und ohne dass der Nutzer etwas davon bemerkt eine SAP-Transaktion und die dazugehörige Bildschirmmaske auf (z.B.

---

[25] [Willinger 2003]: S. 262

[26] [help.sap.com]: Batch-Input: Prozessübersicht

[27] [help.sap.com]: Techniken der Datenübernahme

[28] [help.sap.com]: Batch-Input: Prozessübersicht

[29] [Willinger 2003]: S. 47

„Material anlegen") und trägt in die definierten Eingabefelder die Daten aus der Mappe ein. Hierfür ist notwendig, dass in der Mappe jede für die Datenübernahme notwendige Transaktion, jede Bildschirmmaske und jedes Eingabefeld definiert ist.

Es gibt allgemein mehrere Möglichkeiten, eine solche Batch-Input-Mappe zu erzeugen. Eine gängige Methode ist hier die „Batch-Input-Aufzeichnung". Hierbei ruft der Anwender eine Transaktion auf, welche er für die Dateneinspielung verwenden möchte.

Ähnlich der Makroaufzeichnung in Microsoft Office wird nun bei der Batch-Input-Aufzeichnung jeder Arbeitsschritt des Anwenders im Hintergrund protokolliert und gespeichert. Man legt in diesem Fall exemplarisch einen neuen Datensatz an. Dabei ist darauf zu achten, dass alle benötigten Felder auch mit Daten belegt werden.

Kann-Felder, welche bei der Aufzeichnung unberücksichtigt bleiben, in späteren Datensätzen allerdings vorhanden sind, können zu Problemen führen.

Die später aus der Aufzeichnung erstellte Mappe wird dann diese unberücksichtigten Felder ebenfalls nicht beinhalten. Jene Datensätze der Altdaten, welche dann aber diese Felder belegt haben können dann nicht mithilfe dieser Batch-Input-Mappe migriert werden. [30]

Nachdem eine Batch-Input-Aufzeichnung mithilfe des Transaktionsrecorders abgeschlossen ist, kann daraus z.B. ein ABAP Programm erstellt werden, mit welchem die Daten eingespielt werden können. Dieser Schritt ist notwendig, da der Transaktionsrecorder nur eine einzige Transaktion aufgezeichnet hat. Daraus muss nun eine Mappe erzeugt werden, welche den selben Aufbau wie diese Aufzeichnung hat, jedoch anstelle der alten Daten der Beispieltransaktion jeweils die zu migrierenden Daten aus dem Altsystem enthält.

Weniger Programmieraufwand beim Erstellen einer Mappe aus einer Transaktionsaufzeichnung heraus erfordert die Funktion der Serienbrieferstellung von Microsoft Word. Hierbei wird die Aufzeichnung in Word hineinkopiert und es können dann externe Datenquellen an den Serienbrief angebunden werden.

Diese externe Datenquelle kann z.B. ein extrahierter und vorbereinigter Datenbestand sein, welcher auf den Aufbau der Batch-Input-Mappe angepasst ist. [31]

---

[30] [Willinger 2003]: S. 59

[31] [Willinger 2003]: S. 63 ff., S. 81 ff.

Transaktionsrecorder: Aufzeichnung Z_WG21 ändern

	Programm	Dynpro	St	Feldname	Feldwert	
1			T	WG21	BS AA X F	
2	SAPMWWG2	1000	X			
3				BDC_CURSOR	T023D MATKL	
4				BDC_OKCODE	=WBAS	
5				T023D-MATKL	BB02	
6	SAPMWWG2	1100	X			
7				BDC_CURSOR	T023D-ABTNR	
8				BDC_OKCODE	=SAVE	
9				T023TD-WGBEZ	OUTER BELT	
10				BDC_SUBSCR	SAPLSEXM	0200FASHION_ADD_C
11			T	WG21	BS AA X F	
12	SAPMWWG2	1000	X			
13				BDC_CURSOR	T023D-MATKL	
14				BDC_OKCODE	=WBAS	
15				T023D-MATKL	BB03	
16	SAPMWWG2	1100	X			
17				BDC_CURSOR	T023D-ABTNR	
18				BDC_OKCODE	=SAVE	
19				T023TD-WGBEZ	MISCELLAN. BELTLINE	
20				BDC_SUBSCR	SAPLSEXM	0200FASHION_ADD_C
21			T	WG21	BS AA X F	

Abbildung 3 Screenshot SAP: Transaktionsaufzeichnung (Batch-Input-Mappe)

Eine weitere Möglichkeit, Batch-Input-Mappen zu erzeugen, bietet sich über die Standard-Batch-Input-Programme. Diese sind vordefinierte Programme, welche speziell für Anwendungsfälle wie die Übernahme von z.B. Kundenstammdaten entwickelt wurden. Da sie allgemein gehalten sind, sind in diese Programme auch viele Standard-Konstellationen integriert, sprich Datenfelder, welche so sehr häufig Verwendung finden. Dies mach ein derartiges Programm und die damit erzeugten Mappen wesentlich komplexer als manuell über eine Aufzeichnung erstellte Mappen.

Da sich SAP-Transaktionen für verschiedene Eingabedaten unterscheiden können, z.B. durch unterschiedliche Folgemasken nach Dateneingabe, ist diese Möglichkeit mit unter einer durch Aufzeichnung erstellten Mappe vorzuziehen. Diese verwendet immer nur einen exemplarischen Fall und überträgt diesen dann auf alle folgenden Datensätze. Ein Standard-Batch-Input-Programm kann allerdings für mehrere Datensätze die passenden Bildschirmmasken so in der Batch-Input-Mappe erzeugen, dass diese korrekt abgespielt werden kann und die Daten fehlerfrei ins System übertragen werden.[32]
Die empfohlene Vorgehensweise beim Datenimport via Batch-Input sieht einen Ablauf wie in der folgenden Grafik dargestellt vor:

---

[32] [Willinger 2003]: S. 55

Abbildung 4 Vorgehensweise Batch-Input nach SAP

In der Entscheidungsphase sollte überlegt werden, ob einmalig eine Massendatenübernahme erfolgen soll oder ob das Altsystem parallel weiter genutzt werden soll. In diesem Fall sind periodische Datenübernahmen sinnvoller.

Hat man sich für eine initiale Datenübernahme und Batch-Input als Übernahmemethode entschieden, erfolgt im nächsten Schritt dann die Erzeugung der Batch-Input-Mappen und deren anschließende Verarbeitung.

Es ist weiterhin zu prüfen, ob alle Mappen – und damit die darin enthaltenen Daten – erfolgreich abgespielt wurden und falls Fehler auftraten müssen diese analysiert und behoben werden, so dass auch die Daten der fehlerhaft abgespielten Mappen letztlich noch migriert werden können.[33]

2.2.2. Legacy System Migration Workbench

Wenn Altdaten aus einem System in ein neues System – in diesem Fall in SAP – übertragen werden, wird man selten den Fall haben, dass der Aufbau der Tabellen und Felder in den Datenbanken identisch ist. Eine reine SQL-Übernahme der Daten ist somit nicht machbar. In derartigen Fällen, wo Quellsystem und Zielsystem nicht kompatibel zueinander sind, ist eine Konvertierung der Daten erforderlich.[34]

Verwendet man spezielle SAP-Tools, wie zum Beispiel die gerade vorgestellten Standard-Batch-Input-Programme, erwartet SAP als Input Dateien, welche einem SAP-konformen Aufbau genügen müssen. Um Daten aus dem Altsystem so zu konvertieren, dass man aus ihnen diesen gewünschten, neuen Datenbestand erzeugen kann, bietet SAP das Werkzeug der Legacy System Migration Workbench (LSMW).[35]

Dieses Tool unterstützt sowohl das Einlesen der Altdaten von Fremdsystemen aus Dateien sowie deren Konvertierung in SAP-Format und den letztlichen Import der konvertierten Daten über Schnittstellen wie z.B. Batch-Input.

---

[33] [help.sap.com]: Batch-Input: Prozessübersicht

[34] [Voss]: S. 525

[35] [Willinger 2003]: S. 55

Daneben gibt es auch noch die Möglichkeit, über sogenannte IDocs (Intermediate Documents) oder BAPIs (Business Application Programming Interfaces) den Import durchzuführen. [36]
Diese Möglichkeiten werden später noch etwas näher beleuchtet.

Mit Hilfe von LSMW werden keine einzelnen Tabellen oder Feldinhalte übertragen, sondern betriebswirtschaftliche Datenobjekte.[37] Dazu gehören z.b. die Stammdaten für Kunden, Materialien oder Bewegungsdaten wie Finanzbelege etc.[38]
Bei den Prinzipien der LSMW begegnet man auch wieder dem Stichwort Datenqualität. Die Verwendung von LSMW garantiert eine hohe Datenqualität und legt insbesondere mehr Wert auf die Konsistenz der Daten, als auf eine rasche Migration derselben.[39]
Im Zuge dessen ist es mit LSMW nicht mehr notwendig, die Daten aus den Altsystemen vor der Migration in ein SAP-gerechtes Format zu überführen. Diese Konvertierung erfolgt innerhalb von SAP mit Hilfe von LSMW.[40]
Der Ablauf einer Datenmigration mittels LSMW ist in mehrer Teilprozesse untergliedert. Dabei werden zunächst die Daten aus dem Altsystem eingelesen.
Im nächsten Schritt erfolgt dann die Umsetzung der Daten über die Feldzuordnung, das sogenannte Fieldmapping. Hierbei ist auf Strukturbeziehungen, Feldzuordnungen und Umsetzungsregeln zu achten.
Die korrekt umgesetzten Daten werden dann mittels Batch-Input, eventuell auch Direct-Input oder mittels IDocs oder BAPIs in die SAP-Datenbank importiert. [41]

---

[36] [Willinger 2003]: S. 135
[37] [help.sap.com]: Legacy System Migration Workbench
[38] [Willinger 2003]: S. 136
[39] [SAPinfo]
[40] [SAPinfo]
[41] [help.sap.com]: Migration of Data with LSMW

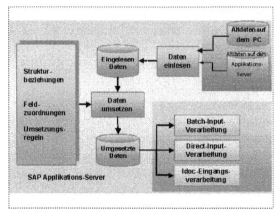

Abbildung 5 Vorgehensweise LSMW nach SAP

LSMW stellt für das Managen der Datenmigration eine übersichtliche Arbeitsfläche zur Verfügung, welche diese Arbeitsschritte hierarchisch darstellt, ähnlich einer abzuarbeitenden Checkliste.

Hierbei müssen zunächst die sogenannten „Objektattribute" gepflegt werden.

Das heißt, im ersten Schritt wird festgelegt, welche Daten übernommen werden sollen und mit welcher Methode sie in SAP importiert werden sollen (Batch-Input, Direct-Input, BAPI oder IDoc). Ein „Objekt" kann hier z.b. der Materialstamm oder der Kundenstamm sein.

Als nächstes soll der LSMW die Struktur der Altdaten bekannt gemacht werden. So kann es z.b. für jede Struktur mehrere Quellfelder geben.[42]

Im nächsten Schritt werden diese Quellfelder dann genauer definiert. Da bei komplexen Strukturen es allerdings eine Vielzahl von Datenfeldern geben kann, bietet sich bei LSMW hier die Möglichkeit, die Struktur direkt aus einer Datei zu importieren. Dies erspart das mühevolle manuelle Anlegen der gesamten alten Daten-Struktur.[43]

Einer der wichtigsten, folgenden Schritte im Ablaufprozess von LSMW ist nun das Pflegen der Strukturbeziehungen. Hier wird eine Beziehung zwischen der eingelesenen Quellstruktur und der späteren Zielstruktur der Daten in SAP hergestellt.

Das Format, in welches die Daten dabei gebracht werden müssen, richtet sich nach der Übertragungsmethode für die man sich entschieden hat, als man die Objektattribute zu Beginn gepflegt hat. Wurde sich z.B. für Standard-Batch-Input entschieden, wird die von

---

[42] [Willinger 2003]: S. 149

[43] [help.sap.com]: Copying Source Fields

LSMW vorgegebene Struktur sich völlig von einer Struktur unterscheiden, welche ein IDoc voraussetzt.[44]

Als Beispiel sei hier ein Screenshot aus SAP gezeigt, welcher die Struktur von einem Standard-Batch-Input-Programm darstellt:

LSM Workbench: Strukturbeziehungen anzeigen

```
TESTPROJEKT - TESPROJEKT 1 - DEBITOREN Debitorenstammdaten

Strukturbeziehungen

    └─⊟ BGR00 Batch-Input-Struktur für Mappedaten
             Die Zielstruktur BGR00 muß ausgewählt werden.

    └─⊟ BLF00 Kreditorenstamm Transaktionsdaten für Batch-Input
             Die Zielstruktur BLF00 muß ausgewählt werden.

         ──BLFA1 Kreditorenstammsatz Allgemein Teil 1 (Batch-Input)
                  Die Zielstruktur BLFA1 muß ausgewählt werden.
         ──BLFB1 Kreditorenstammsatz Buchungskreisdaten (Batch-Input)
         ──BLFBK Kreditorenstammsatz Bankverbindungen (Batch-Input-Struktur)
         ──BLFB5 Kreditoren Mahndaten (Batch-Input-Struktur)
         ──BLFZA Kreditorenstammsatz Abw. Zahlungsempfg. (Batch-Input-Strukt)
```

Abbildung 6 Screenshot SAP: LSMW – Strukturbeziehungen pflegen

In Abbildung 6 wird ein Standard-Batch-Input-Programm für die Übertragung verwendet, genauer gesagt das Programm RFBIKR00. Der Aufbau dieses Programms erfordert, dass die Strukturen BGR00, BLF00 und BLFA1 als Zielstrukturen ausgewählt werden müssen, was bedeutet, dass hier eine Quellstruktur zugeordnet werden muss.

Je nachdem, welches Batch-Input-Programm verwendet wird, bzw. welche Übernahmemethode gewählt wird, wird sich der Auswahlbildschirm grundlegend von dem hier gezeigten unterscheiden, selbst wenn nach wie vor die selben Daten migriert werden sollen. Die Strukturbeziehungen richten sich also immer nach der ausgewählten Übernahmemethode.

Der nächste Schritt erfordert in der Regel den größten Aufwand und ihm sollte besondere Beachtung entgegengebracht werden: Das „Fieldmapping". Hier werden nun einfach ausgedrückt den Quellfeldern des Altsystems die entsprechenden Zielfelder des SAP-Systems zugeordnet.

Bisher wurde nur die Struktur der Altdaten dem SAP-System bekannt gemacht und auf der Strukturebene wurde beschrieben, wie die Beziehungen zwischen Altsystem und SAP aufgebaut sind.[45]

---

[44] [Willinger 2003]: S. 156
[45] [Willinger 2003]: S. 158

In diesem Arbeitsschritt ist zudem wichtig, wie die Daten in den einzelnen Felder umzu-setzen sind. Beispielsweise können Datumseingaben aus Altsystemen in völlig anderem Format abgelegt sein, als später von SAP erwartet. Hierfür muss eine Umkonvertierung der Feldinhalte erfolgen.

Der folgende Schritt mit LSMW wäre nun, die Dateien zu spezifizieren, die übertragen werden sollen. Auch LSMW benutzt eine Importtechnik als Integrationsmethode für neue Daten. Das heißt die Daten aus dem Altsystem müssen zunächst in Dateien extrahiert werden, welche dann wiederum in die LSMW geladen und zwischengespeichert werden. SAP muss für eine Datenübernahme zunächst wissen, wo sich diese Dateien mit den Daten befinden, welchen Filetyp sie besitzen etc.

Hierfür kann man z.B. die Daten aus dem Altsystem in eine Exceltabelle exportieren und diese dann als Textdatei speichern und in die LSMW einlesen. Dafür muss hier jedes Ta-bellenblatt in einer eigenen Textdatei (txt) gespeichert werden.[46]

Diese Textdateien werden dann innerhalb von LSMW in internen Arbeitsdateien zwi-schengespeichert. Mit diesen Daten arbeitet man nun innerhalb der LSMW, wendet die vorher definierten Umsetzungsregeln für das Fieldmapping an etc. Der daraus hervorge-hende Datenbestand wird dann in einer weiteren Datei für die umgesetzten Daten gesi-chert.[47]

Nun müssen den vorher definierten Quellstrukturen die gerade eingelesenen Dateien zu-geordnet werden.

Nachdem am Ende alle Dateien eingelesen, konvertiert und den Quellstrukturen zugeord-net wurden, liegt innerhalb der LSMW der Datenbestand vor, wie er später ins SAP-System übernommen werden soll. Hierfür wurde zu Beginn bereits bei der Pflege der Ob-jektattribute die Importtechnik ausgewählt. Zum Beispiel wird nun also eine Batch-Input-Mappe erzeugt, die abgespielt werden kann und womit dann die Daten in SAP übertragen werden.

---

[46] [Willinger 2003]: S. 179
[47] [Willinger 2003]: S. 182

3. Vorbereitungen einer Datenmigration

Nachdem im einführenden Kapitel nun erste Grundkenntnisse über Datenmigration und die SAP-eigenen Migrationstechniken vermittelt wurden, befasst sich dieses Kapitel mit dem wichtigsten Schritt im Prozess einer Datenmigration: Der Vorbereitung. Es ist verständlich, dass man nicht einfach irgendein Migrationswerkzeug auswählt und dann sofort „drauflos" migriert. Vielmehr sind im Vorfeld viele Fragen zu klären. Welche Daten sollen genau migriert werden? Sind die Daten in ihrer derzeitigen Form mit SAP kompatibel? Wie können die Altdaten für SAP aufbereitet werden, auf was ist zu achten? Und welche Übernahmemethode ist die bestgeeignetste?

Die einzelnen Planungsschritte und Prozessabläufe, die in diesem Kontext zu beachten sind, werden in diesem Kapitel genauer beschrieben.
Hierbei werden im weiteren Verlauf der Arbeit die verschiedenen Übernahmemethoden und Werkzeuge von SAP näher analysiert und es wird überprüft, für welche Szenarios sich welche Methoden bzw. Methodenkombinationen am besten eignen. Auch wird zusätzlich ein allgemeines Vorgehensschema für Datenmigrationen entwickelt, welches abschließend anhand eines aktuellen Fallbeispiels exemplarisch angewandt wird.

3.1. Analyse des „Business Blueprint"

Bevor man überhaupt ein SAP-System aufsetzen kann, muss man sich zunächst über seine spätere Gestaltung und Ausprägungen Gedanken machen.
Hierfür muss das Unternehmen sowie all seine Geschäftsprozesse die mit dem neuen ERP System abgebildet werden sollen analysiert werden.
Bei einem Migrationsprojekt kann so eine „Blaupause" des späteren Systems erstellt werden, welche alle relevanten Geschäftsszenarios, Geschäftsprozesse und Prozessschritte beinhaltet. [48]
Anhand dieser Blaupause wird damit sowohl die Prozesslandschaft im Unternehmen als auch der spätere Aufbau des SAP-Systems beschrieben.
Sie beschreibt also nicht etwa die Struktur des Altsystems, sondern die des neuen Systems, welches versucht, die bestehenden Prozesse möglichst genauso abzubilden, wie es schon das Altsystem getan hat.
Allerdings kann nicht an allen Stellen ein SAP-System Prozesse exakt so abbilden, wie sie sich eventuell erst aufgrund der Struktur des Altsystems gebildet haben.

---

[48] [help.sap.com]: Business Blueprints

In solchen Fällen ist es sinnvoll, Prozessschritte auch zu überdenken und die Migration einhergehen zu lassen mit einem Business Process Reengineering. [49]

Ein solcher Fall tritt z.b. ein, wenn die Logik des Altsystems und die darauf aufbauenden Geschäftsprozesse nicht mit SAP darstellbar sind, wenn z.b. von SAP vorgeschriebene „Muss-Felder" im Altsystem keinerlei Verwendung finden, bzw. wenn das Altsystem Daten erfasst, welche von SAP nicht erfasst zu werden brauchen. [50]

3.1.1. Business Blueprints bei Cooper Standard Automotive

Die globale Implementation von SAP bei Cooper Standard basiert auf einem globalen, Cooper-spezifischen SAP-Template, welches als Master für alle relevanten Business Szenarios dienen wird, die in allen Cooper-Werken und Standorten implementiert werden.[51]

Bei Cooper gibt es für jedes SAP-Modul ein spezielles Dokument. Alle Dokumente zusammen ergeben dann den „Business Blueprint".

In diesen Dokumenten wurde festgelegt, wie zum Beispiel das Modul für Material Management (MM) aufgebaut sein muss, welche Komponenten beinhaltet sein müssen für welche Szenarios etc.

So wurde die Prozesslandschaft bei Cooper in Frankreich abgebildet und die Blueprints dienten als Arbeitsgrundlage für das anstehende Migrationsprojekt.

Die bisher von Cooper genutzte ERP-Lösungen waren europaweit nicht einheitlich. In den französischen Werken herrschte „BPCS" (Business Planning and Control System) von SSA vor, während in Deutschland „FORS" von Atos zum Einsatz kam. Nun sollte mit SAP eine gesamteuropäische ERP-Lösung zum Einsatz kommen.

Zunächst sollten die französischen Werke auf SAP umgestellt werden. Daher beschreibt der Business Blueprint, auf welchen diese Arbeit Bezug nimmt, die „Soll-Situationen" im künftigen französischen SAP-System.

Ein Business Blueprint bei Cooper ist dergestalt aufgebaut, dass zunächst die globale Organisationsstruktur, z.B. der Einkaufsorganisation definiert wird.

Im Folgenden werden dann die einzelnen Komponenten der Module (z.B. MM) behandelt und analysiert. Zu jeder Komponente wird ein SAP-Prozess kreiert, welcher den Unternehmensinternen Prozess am besten widerspiegelt. Die mit diesem Prozess verknüpften Funktionen (Transaktionen) und Daten werden ebenfalls benannt.

---

[49] [Willinger 2003]: S. 29
[50] [Willinger 2003]: S. 30
[51] [Cooper]

Dieses Blueprint ist wichtig, um die Datenobjekte identifizieren zu können, welche zu den Daten passen, die migriert werden sollen. Hierfür sind diese zu migrierenden Daten zunächst zu identifizieren.

3.1.2. Identifikation der Datenquellen (Alt-System)

Ein erster, wichtiger Schritt in einer jeden Datenmigration sollte immer die Analyse der Datenquellen im Altsystem sein. Es ist die Frage zu klären, woher die Daten stammen, die migriert werden sollen, wie der Altdatenbestand aufgebaut ist und was genau die relevanten Daten sind, die übernommen werden sollen. [52]

Am Beispiel von Cooper musste hier zunächst das Altsystem „BPCS" analysiert werden. Es war festzustellen, welche Struktur die Altdaten besitzen, welche Feldnamen die einzelnen Felder in den Tabellen haben etc.

Wichtig war hier besonders, auf die Formatierung der Daten zu achten, da das alte System in vielen Punkten gänzlich anders aufgebaut war als SAP.

Zum Vergleich mit diesem Arbeitsschritt kann man auf die LSMW-Schritte „Quellstruktur pflegen" und „Quellfelder pflegen" verweisen. Diese Schritte wären auszuführen, nachdem man im Altsystem die zu migrierenden Datenbestände identifiziert hat. Hierbei ist die Struktur des Altsystems nach SAP zu übertragen.

3.1.3. Identifikation der Daten-Objekte (Soll-System)

Nachdem man sich der zu migrierenden Daten sowie der Datenstruktur im alten System bewusst geworden ist und diese identifiziert hat, geht es im nächsten Schritt einer Datenmigration darum, sich das neue System genauer zu betrachten.

Hierbei spielen die Dokumente des Business Blueprint eine wichtige Rolle. Aus ihnen ist die Struktur des späteren Systems ableitbar und es sind vor allem die Daten aufgelistet, welche die einzelnen Komponenten und Transaktionen benötigen.

So werden hier zum Beispiel die vom SAP-System benötigten Stammdaten als auch die Bewegungsdaten benannt.

Von dieser Liste ausgehend kann man sich anhand des Altsystems und der bereits identifizierten Datenquellen die benötigten Daten heraussuchen und hat am Ende dieses Analysevorgangs genau jene relevanten Tabellen etc. aus dem Quellsystem identifiziert, welche die Lieferantendaten beinhalten. Diese können dann extrahiert werden und mit den ebenfalls im Business Blueprint aufgeführten Transaktionen ins neue System eingepflegt werden.

---

[52] [Willinger 2003]: S. 18 ff.

3.2. Analyse der geeigneten Übernahmemethoden

Nachdem nun sowohl die Daten, welche migriert werden sollen, identifiziert sind, als auch die Datenobjekte des SAP-Systems bekannt sind, zu welchen diese Quelldaten passen, folgt ein entscheidender Meilenstein innerhalb der Vorbereitung einer Datenübernahme: Die Auswahl einer geeigneten Übernahmemethode.

Natürlich kann man sich schon im Vorfeld Gedanken darüber machen, welche der Migrationstechniken von SAP man verwenden möchte.

Doch wird im Folgenden offensichtlich, dass jede Methode ihre Stärken und Schwächen mit sich bringt und dass es besser ist, sich nicht vorschnell auf eine Methodik oder ein einziges Tool zu versteifen. Das folgende Kapitel soll die gängigen SAP-Methoden zur Datenübernahme genauer analysieren und ihre Vor – und Nachteile herausarbeiten.

3.2.1. Vorüberlegungen

Das, was sich alle Beteiligten in einem Migrationsprojekt wünschen, ist sicherlich ein Allround-Wunder. Ein Tool, das ohne große Mühen und Aufwand sowohl Stammdaten als auch Bewegungsdaten übernehmen kann. Das am besten auch gleich das komplizierte Fieldmapping oder die zeitraubenden Konvertierungen erledigt und das bei Bedarf auch periodisch jederzeit Daten aus dem Altsystem ins neue System übertragen kann, falls man beide Systeme zunächst parallel betreiben möchte.

Ein derartiges Tool gibt es allerdings nicht. Was auch verständlich wird, wenn man sich nur überlegt, wie unterschiedlich jedes Unternehmen strukturiert ist. Kein Unternehmen, kein Prozess und kein Markt gleicht exakt dem anderen. [53]
Selbst die SAP sagt, dass jedes ihrer Systeme ein „Unikat" ist, da kein SAP-System dem anderen gleicht.

Zu Beginn wurden bereits die Methoden Batch-Input und LSMW vorgestellt. Diese werden nun einander gegenübergestellt unter dem Gesichtspunkt, in wiefern sie sich für eine Datenübernahme mit ähnlichem Umfang wie bei Cooper eignen und wo hierbei ihre Stärken und Schwächen liegen, bzw. in welchen Spezialfällen ein alternatives Tool vorzuziehen ist. Hierbei werden auch die neueren Methoden der IDocs und BAPIs mit einbezogen in die Auswertung und Analyse.

---

[53] [bsi.de]

3.2.2. Vorteile von Batch-Input

Zunächst soll an dieser Stelle auf die Vorteile von Batch-Input eingegangen werden, da Batch-Input mit zu den bekanntesten Übernahmemethoden zählt.

Vergleicht man das Batch-Input-Verfahren mit dem Direct-Input-Verfahren, welches nur rudimentäre Prüfungen beinhaltet, so stellt man klar fest, dass Batch-Input eine größere Sicherheit bietet und die Kriterien der Datenqualität besser gewährleisten kann. Die Daten werden in SAP übernommen, wie wenn sie jemand manuell eingeben würde.

Dies bedeutet, dass auch alle Integritätsbedingungen von SAP mit geprüft werden. Alle Muss-Felder z. B. müssen demnach belegt sein.

Darüber hinaus stehen in SAP wie schon erwähnt eine Vielzahl von Standard-Batch-Input Programmen bereit, mit welchen das Erstellen von Batch-Input-Mappen wesentlich erleichtert wird, da standardisierte Datenübernahmen in den Programmen bereits „vorgedacht" sind.

Auch der Umgang von Batch-Input mit Fehlern ist erwähnenswert. Sollten Transaktionen aus der Batch-Input-Mappe nicht ausgeführt werden können, verbleiben sie in ihr und werden nach Abspielen der Mappe als sogenannte „Fehlermappe" angezeigt, während die ausgeführten Transaktionen aus der Mappe gelöscht werden.

Diese Transaktionen müssen nun manuell nachbearbeitet werden, um eingespielt werden zu können.[54]

In Verbindung z.B. mit LSMW bietet die Batch-Input-Technologie somit ein starkes und ausgereiftes Werkzeug für die Datenübernahme.

3.2.3. Grenzen von Batch-Input

An dieser Stelle soll nicht direkt von „Nachteilen" von Batch-Input gesprochen werden, sondern vielmehr von dessen Grenzen im Vergleich zu den Vorzügen von Methoden wie z.B. IDocs oder BAPIs.

Bevor der Frage nachgegangen wird, was genau IDocs sind, soll darum zunächst ein großes Problem bei Batch-Input näher beleuchtet werden.

Dies ist vor allem bei der Performance zu sehen. Bei größeren Datenmengen, also sehr umfangreichen Batch-Input-Mappen, kann die bisher stark favorisierte Methode lediglich 10 bis 40 Datensätze pro Minute in SAP einspielen.[55]

Auch besteht eine Problematik, wenn sich einerseits kein Standard-Batch-Input Programm für die zu migrierenden Daten finden lässt und andererseits die Daten nicht homogen sind. Dies bedeutet in diesem Fall, wenn die Anzahl der Positionssätze von Datensatz zu Datensatz unterschiedlich ausfällt.

---

[54] [Willinger 2003]: S. 253

[55] [Willinger 2003]: S. 253

Trifft dies zu so kann eine einmalige Batch-Input Aufzeichnung eines Datensatzes nicht mehr für alle Folgedaten ausreichen und Batch-Input stößt an seine Grenzen. [56]

3.2.4.   IDocs versus Batch-Input

Seit einigen Jahren schon gibt es neben dem alten und bewährten Batch-Input auch noch die Möglichkeit, über Schnittstellen und Nachrichtentypen Daten in SAP einzuspielen.

Hier seien vor allem die IDocs (Intermediate Documents) genannt.

Diese Nachrichtentypen haben ihren Ursprung in EDI (Electronic Data Interchange), mit welchem heutzutage Bestellungen oder Lieferabrufe versand werden.

Um die IDoc-Typen, nach welchen die IDoc-Nachrichten aufgebaut sind, im sie empfangenden SAP-System verarbeiten zu können, gibt es hierfür die sogenannte IDoc-Eingangsverarbeitung. Diese kann ebenfalls zur Datenmigration genutzt werden. [57]

Bei der Eingangsverarbeitung wird aus dem SAP vorgelagerten System eine IDoc-Nachricht über den SAP-Systemport an die IDoc-Schnittstelle übergeben.

Ist das vorgelagerte System dem SAP bekannt, so wird das IDoc akzeptiert und auf der Datenbank gespeichert. [58]

IDocs haben generell einen allgemeinen und einen spezielleren Aufbau. Sie tragen dabei Verwaltungsinformationen, welche angeben, wie die Nachricht verarbeitet werden soll, sowie die eigentlichen Übertragungsdaten, die in sogenannten Segmenten und Segmentfeldern untergebracht sind. [59]

Zum allgemeinen Aufbau eines IDocs siehe Abbildung 7.

---

[56] [Willinger 2003]: S. 255

[57] [Willinger 2003]: S. 43

[58] [help.sap.com]: Eingangsverarbeitung

[59] [help.sap.com]: Aufbau eines IDocs

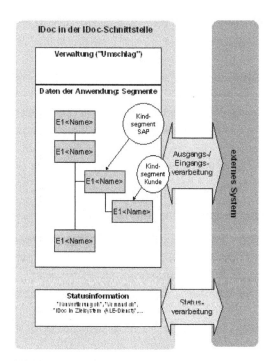

Abbildung 7 Aufbau einer IDoc Nachricht (Quelle: SAP)

3.2.5.   Application Link Enabling (ALE)

Application Link Enabling (ALE) ist per Definition eine Middleware welche Geschäftsprozesse zwischen unterschiedlichen SAP-Systemen aber auch zwischen SAP – und
Fremdsystemen integriert.[60]

ALE unterstützt das Betreiben von verteilten Anwendungen bzw. verteilten Systemen.
Mithilfe von ALE kann so der betriebswirtschaftliche Nachrichtenaustausch zwischen zwei
Systemen bewerkstelligt werden.
In Bezug auf die Thematik der Datenmigration ist ALE eine Möglichkeit zum Abgleich von
Stamm – und Bewegungsdaten mittels asynchroner Kommunikation.
Durch ALE können so auch die Fremdsysteme an SAP angeschlossen werden und z.B.
mithilfe von Nachrichtentypen wie IDocs Daten bzw. Nachrichten austauschen und eine
Datenmigration durchgeführt werden.[61]

---

[60] [help.sap.com]: Integrationstechnologie ALE

[61] [help.sap.com]: Integrationstechnologie ALE

Hierbei wird ALE vor allem verwendet, um fortlaufend Daten zu übertragen. Dies ist entweder bei der Anbindung von Fremdsystemen an SAP oder bei parallelem Betrieb der Systeme empfehlenswert.

Auf diese Weise können ständig Daten ausgetauscht werden, was ALE jedoch für eine initiale Datenübernahme ungeeignet erscheinen lässt.

Bei der Betrachtung der Übernahmemöglichkeiten von Daten innerhalb von SAP ist allerdings der Fokus in dieser Arbeit mehr auf jene Methoden gerichtet, welche auch für initiale Datenübernahmen geeignet sind.

Um Daten mithilfe von Schnittstellen an SAP zu senden ist dahingegen aber noch ein weiteres Verfahren etwas genauer zu betrachten: BAPI.

3.2.6. Business Application Programming Interface (BAPI)

Das Business Application Programming Interface ist eine Programmierschnittstelle welche Zugriff auf die Prozesse und Daten innerhalb von SAP besitzt. Diese Schnittstellen ermöglichen eine objektorientierte Sicht auf Business-Komponenten des SAP-Systems.[62]

Es ist also eine Schnittstelle, mit deren Hilfe Daten zwischen SAP und Fremdsystemen ausgetauscht werden können. [63]

Sollen nun Daten mittels BAPI migriert werden, müssen die zu übertragenden Daten im IDoc Format vorliegen. [64]

Somit ergibt sich an dieser Stelle bereits ein Zusammenhang zwischen BAPIs und IDocs.

Bei der Datenübernahme mithilfe von BAPIs wird – bei Nutzung von LSMW – die IDoc-Eingangsverarbeitung genutzt. Dies garantiert hohe Sicherheit auf Kosten der Performance. Mithilfe der Datenübernahme-Workbench, auf welche im Folgenden noch genauer eingegangen wird, werden die Daten aus dem IDoc direkt an das BAPI übergeben. [65]

3.2.7. Methodenübersicht

Nach dieser Kurzbeschreibung von BAPIs und IDocs sowie ALE stellt man fest, dass im Grunde alle beschriebenen Möglichkeiten geeignet sind, um Daten in SAP zu migrieren.

Wichtige Erkenntnis ist, dass BAPIs Daten im IDoc-Format benötigen, weswegen den IDoc-Nachrichten und den Nachrichtentypen in diesem Kontext große Bedeutung zukommt.

---

[62] [Willinger 2003]: S. 312

[63] [help.sap.com]: Business Application Programming Interface

[64] [help.sap.com]: Datenübernahme Workbench

[65] [Willinger 2003]: S. 296

Letztlich ist festzustellen, dass es darauf ankommt, wie diese IDocs verarbeitet werden. Mithilfe von LSMW bietet sich die Möglichkeit, IDocs zur Datenmigration zu verwenden. Wie beschrieben geht dies allerdings zu Lasten der Performance, die Übertragung dauert so erheblich länger.

Im Zuge dessen wird deutlich, dass die primäre Frage nicht sein sollte, ob man mittels BAPIs, der IDoc-Eingangsverarbeitung oder Batch-Input die Daten überträgt. Vielmehr sollte man sich die Werkzeuge betrachten, welche diese Methoden nutzen können. Eine „optimale Methode" gibt es darüber hinaus nicht, alle vorgestellten Methoden haben wie gezeigt ihre Schwächen oder sind nur für spezielle Anwendungsfälle vorgesehen.
Im Folgenden ist daher vor allem die Suche nach einer geeigneten Kombination aus Werkzeug und Methode entscheidend.
Welche Vorteile hier LSMW gegenüber der Datenübernahme Workbench hat und umgekehrt soll Inhalt des kommenden Kapitels sein. Ebenfalls wird hier kurz auf „Informatica", einem Unternehmen das Migrationsdienstleistungen anbietet und von Cooper für die Datenbereinigung in Betracht gezogen wird, eingegangen.

3.3. Viele Werkzeuge für ein Problem

Die Erkenntnis, dass bei Datenübernahmen von einem Altsystem nach SAP zwischen den Methoden und Werkzeugen unterschieden werden muss, ist an dieser Stelle für das spätere Verständnis enorm wichtig.
Zu Beginn dieser Arbeit wurde die bekannteste Übernahmemethode „Batch-Input" ausführlich vorgestellt, da sie auch ohne ein Werkzeug einsetzbar ist.
Ebenso wurde auch das bekannteste Übernahmewerkzeug „LSMW" vorgestellt. LSMW nutzt in diesem Zusammenhang unter anderem Batch-Input für die Datenübernahme. Es kann jedoch genauso auch BAPIs oder IDocs nutzen.
Auch diese Methoden können ohne ein Werkzeug genutzt werden, jedoch wird in diesem Kapitel dargelegt, weshalb der Einsatz eines Werkzeugs sinnvoll sein kann.

3.3.1. Datenübernahme Workbench

Die Datenübernahme Workbench ist ein SAP-internes Tool zur Übertragung von Daten. Sie wird auch „DX-Workbench" genannt und soll bei der Verwaltung und Organisation von Datenübernahmeprojekten helfen. Hierfür werden Werkzeuge zur Analyse der SAP-Strukturen zur Verfügung gestellt und die Workbench bietet eine integrierte Sicht auf die Standard-Datenübernahmeprogramme von SAP.[66]
Hierbei gibt es Überschneidungen zwischen der LSMW und der DX-Workbench.

---

[66] [Willinger 2003]: S. 294

Mithilfe dieses Werkzeugs lassen sich die Altdaten aus den Fremdsystemen exportieren, bereinigen, in SAP-konforme Formate konvertieren, prüfen und letztlich mit einer geeigneten Methode in das neue System importieren.

Hierbei bietet einem die DX-Workbench allerdings keine vorgefertigten Lösungen und komplette Programme zur Datenübernahme sondern schafft vielmehr eine Rahmenstruktur, in welche eigene Programme eingefügt werden können. [67]

Die DX-Workbench wurde besonders für die Erstdatenübernahme entwickelt, da für periodische, fortlaufende Übernahmevorgänge Werkzeuge wie ALE besser geeignet sind (siehe letztes Kapitel).

Um mit der DX-Workbench Daten zu migrieren muss man zunächst definieren, welche Business-Objekte (z.B. Kundenstammdaten) übernommen werden sollen. Hat man die zu migrierenden Objekte identifiziert, folgt im Nächsten Schritt die Frage, wie diese Objekte zu migrieren sind, also mit welcher Importmethode.

Wie schon erwähnt sind für die einzelnen Schritte der Übernahme Programme und Funktionsbausteine notwendig, welche in das Framework der DX-Workbench eingefügt werden können.[68]

3.3.2.   DX-Workbench vs. LSMW

Ein direkter Vergleich zwischen der LSMW und der DX-Workbench ist so im Grunde nicht sinnvoll. Zwar können beide Werkzeuge Daten ins neue SAP-System übernehmen, doch beide Vorgehensweisen haben ihre Schwächen.

So hat zwar LSMW gegenüber der DX-Workbench den Vorteil, dass eine einheitliche und übersichtliche Benutzerführung existiert, welche den Anwender Schritt für Schritt durch das Datenübernahmeprojekt führt. [69]

Andererseits ist der Umfang der LSMW mit unter sehr komplex und der Einarbeitungsaufwand in das Programm ist nicht unerheblich. Ebenso ist die Laufzeit einer Datenübertragung mit LSMW ungleich länger als mit der DX-Workbench, wenn als Übertragungsmethode BAPI verwendet wird. Dies liegt daran, dass die LSMW hierfür die IDoc-Eingangsverarbeitung nutzt, während die DX-Workbench die Daten direkt an das BAPI übergibt.[70]

Gleichwohl empfiehlt die SAP beim Arbeiten mit der DX-Workbench, für die Konvertierung der Daten in SAP-konforme Formate auf LSMW zurückzugreifen.[71]

---

[67] [Willinger 2003]: S. 295

[68] [help.sap.com]: Ablauf einer initialen Datenübernahme

[69] [Willinger 2003]: S. 258

[70] [Willinger 2003]: S. 296

[71] [help.sap.com]: Datenübernahme Workbench

Somit arbeiten beide Werkzeuge zusammen und in Kombination miteinander.
Zu beachten ist hierbei, dass für Datenübernahmen mit der DX-Workbench meist eigene BAPIs programmiert werden müssen, was den Aufwand und das technische Know-how wiederum erhöht.[72]

3.3.3.   Was kann „Informatica"?

Im Zuge dieser Arbeit wurde schon mehrfach auf Informatica, das Unternehmen, welches Lösungen für Migartionsprobleme anbietet, Bezug genommen. Was genau sich dahinter verbirgt, wurde bisher noch nicht näher betrachtet, da den SAP-eigenen Methoden Vorzug gegeben wurde.
Wenn hier bisher von „Informatica" gesprochen wurde, war damit eigentlich das Produkt „Informatica Data Quality" vom gleichnamigen Unternehmen gemeint.

Dieses Produkt bietet Möglichkeiten zur Datenbereinigung, Datenabgleich und Datenqualitätskontrolle. Im Zuge eines Migrationsprojektes dieser Daten ist es daher eine Option, die Altdaten zu „säubern".
Allerdings kann das Produkt die Daten nicht direkt ins SAP-System übertragen.

Das Unternehmen Informatica bietet allerdings Lösungen für die Datenmigration mit SAP an. Am Beispiel von Cooper wird eine Zusammenarbeit mit Informatica erwogen.

Da im Kontext dieser Arbeit jedoch die Analyse der Möglichkeiten zur Datenübernahme im Vordergrund steht, soll dies nicht der Fokus sein, auf den sich die Betrachtung konzentrieren wird. Denn auch die verschiedenen Lösungsvorschläge von Informatica benutzten letztlich auch nur Tools wie BAPIs, IDocs, ALE und es wird darüber hinaus ABAP-Programmierung verwendet, um eine individuelle Lösung für den Kunden zu schaffen.[73]
Auch eine Empfehlung des Produkts „Informatica Data Quality" kann und soll hier nicht ohne weiteres gegeben werden, da bereits anhand von LSMW gezeigt wurde, dass es auch SAP-eigene Methoden gibt, die Datenqualität zu gewährleisten.
Dieses Tool mag als Hilfe dienen und mag geeignet sein, auch bei späteren, permanenten Datenmigrationen eine gleichbleibende Datenqualität zu gewährleisten. Jedoch liegt die Analyse in dieser Arbeit mehr auf dem Fokus der initialen, einmaligen Datenübernahme innerhalb eines Migrationsprojektes, weshalb im Folgenden Informatica nicht länger von Bedeutung sein wird.

---

[72] [Willinger 2003]: S. 295

[73] [informatica.com]

3.3.4.   Kriterien zur Methodenauswahl

Es wurde nun gezeigt, dass es neben den verschiedenen Methoden und Werkzeugen die verwendet werden können, auch externe Lösungen gibt. Externe Hilfsprogramme und Software kann allerdings bei der Suche nach einem allgemeinen Leitfaden für eine Datenübernahme nur eine untergeordnete Rolle spielen. Nun sollen die gesammelten Erkenntnisse zusammengetragen werden, so dass dadurch eine Auswahl der geeignetsten Methode und des besten Werkzeugs gegeben ist.

Dafür müssen zunächst die möglichen, verschiedenen Datenmigrations-Probleme analysiert werden. Diese können sein:

- Initiale Stammdatenübernahme
- Initiale Bewegungsdatenübernahme
- Fortlaufende Übernahme von Transaktionsdaten
- Art der Datenqualität
- Umfang der Migration

Generell konnte als Erkenntnis der vorangegangenen Abschnitte festgehalten werden, dass IDoc-Nachrichten und BAPIs besonders für fortlaufende Datenübernahmen geeignet sind.
Andererseits steht gerade die DX-Workbench auch für die initiale Datenübernahme und deren Stärke ist unter anderem die Datenmigration via BAPIs.
Hier kommt nun der eigentliche Umfang des Projektes mit ins Spiel.
Ein nicht sonderlich komplexes Übernahmeprojekt hat zum Beispiel vielleicht nur wenige Datensätze bzw. zwar viele, aber dafür einheitliche Datensätze. Ebenso werden diese Datensätze ohne großen Konvertierungsaufwand direkt in SAP übernommen werden können.
Hier empfiehlt sich generell das Batch-Input-Verfahren, evtl. gekoppelt mit der Batch-Input-Aufzeichnung.

Je umfangreicher und komplexer allerdings die Struktur der Altdaten ist, umso aufwändiger wird auch das Migrationsprojekt. Aufzeichnungen helfen nun nicht mehr weiter, es müssen Werkzeuge wie LSMW oder die DX-Workbench zum Einsatz kommen.
Auch hier gilt: Möchte man eine einheitliche Benutzerführung und eine gute Projektübersicht, ist die LSMW vorzuziehen. Wo möglich kann hierbei auf Standard-Batch-Input-Programme zurückgegriffen werden.
Sollten diese allerdings nicht vorhanden sein, so ist zu überlegen, ob nicht eine Kombination zwischen DX-Workbench und LSMW (für die Datenkonvertierung) sinnvoller ist, da

die LSMW bei Techniken wie IDocs oder BAPIs eventuell zu lange Laufzeiten hat (siehe Kapitel 3.3.2).

Auch das Problem der Datenqualität muss hierbei noch berücksichtigt werden. Hat man einerseits komplexe Datenstrukturen mit großen Datenvolumen, kann aber andererseits die Datenqualität nicht genau definieren, ist wiederum LSMW in Koppelung mit Batch-Input das geeignetste Verfahren, da Batch-Input grundsätzlich umfangreiche Prüfroutinen beinhaltet, welche eine hohe Datenqualität sicherstellen.

Allgemein wurde im letzten Kapitel festgestellt, dass die Performance der Werkzeuge abnimmt, je größer das Datenvolumen ist. Daher ist bei sehr großen Datenmengen mit vielen 10.000 Datensätzen eher auf Verfahren wie IDocs oder BAPIs umzusteigen, da diese die höhere Performance bieten, als das im Vergleich eher langsame Batch-Input-Verfahren.

Im Folgenden wurde eine einfach lesbare Tabelle erstellt, welche die eben definierten Erkenntnisse anschaulich darstellt und als Entscheidungshilfe für die Methodenauswahl dienen soll.
Hierbei beziehen sich die Bezeichnungen „groß/klein" beim Umfang darauf, ob ein Projekt ein hohes Datenvolumen mit vielen 10.000 Datensätzen hat oder ob es ein Migrationsprojekt kleinerer Größenordnung ist. Ebenso bedeutet in diesem Beispiel eine niedrige Datenqualität, dass man zum Zeitpunkt der Übernahme nicht weiß, ob der Datenbestand homogen und frei von Fehlern ist.

Diese Tabelle zeigt zusammenfassend, dass für initiale Datenmigrationsprojekte die Kombination LSMW mit Batch-Input zu empfehlen ist, sofern es sich um kleinere Projekte handelt.
Bei Großprojekten sollte LSMW zusammen mit Methoden wie BAPI oder IDocs verwendet werden, bzw. es sollte überlegt werden, ob man eine Kombination zwischen der DX-Workbench und LSMW für die Datenkonvertierung und evtl. die Qualitätssicherung verwendet.
Aus der Tabelle ist ferner ersichtlich, dass besonders das Werkzeug LSMW Erwähnung findet. Daher wird hier dieses Werkzeug für größere Migrationsprojekte empfohlen. Ob bei LSMW nun letztlich ein Standard-Batch-Input Programm die Datenübernahme durchführt oder man auf BAPIs oder IDocs zurückgreift, richtet sich nun wiederum nach den Kriterien des Projektumfangs und der Datenqualität.

	Umfang		Datenqualität		Fortlaufende Datenübernahme	Initiale Datenübernahme
	Groß	klein	hoch	niedrig		
Umfang groß	X	X	DX-Workbench	LSMW+Batch-Input oder DX+LSMW	ALE	LSMW oder DX+LSMW
Umfang klein	X	Direct-Input oder Batch-Input	Direct-Input oder Batch-Input	Batch-Input	ALE oder LSMW	Batch-Input oder LSMW+Batch-Input
DQ hoch	DX-Workbench	Batch-Input	X	X	BAPI oder IDocs	Batch-Input
DQ niedrig	LSMW+Batch-Input oder DX+LSMW	Batch-Input	X	X	LSMW+Batch-Input	LSMW+Batch-Input

32

3.4. Vorgehensschema einer Datenmigration

Nachdem nun die von SAP zur Verfügung stehenden Migrationstechniken analysiert wurden und bekannt ist, für welche Szenarios und Projekt-Rahmenbedingungen sich welche Methode am ehesten eignen würde, soll sich das folgende Kapitel mit dem Problem befassen, ein einfaches Schema, eine Art „Checkliste" für eine Datenmigration zu entwickeln.

Hierbei soll anhand konkreter Beispiele aus der Praxis die Thematik verständlicher und vertrauter gemacht werden.

Am Ende wird dann im folgenden Kapitel exemplarisch eine Datenübernahme nach der hier erstellten Planung durchgeführt, wobei mehrere Alternativen (Werkzeuge / Methoden) vorgestellt und mit konkreten Beispielen aus SAP veranschaulicht werden. So wird das Getane verständlich und die Ergebnisse visualisiert.

3.4.1. Phasen einer Datenmigration

In Kapitel 3.1 wurde bereits einer der wichtigsten Schritte einer jeden Datenmigration beschrieben: Die Voranalyse von Altsystem und Zielsystem. Diese vorbereitende Maßnahme in welcher man sich mit dem alten System, seinen Daten, den Datenstrukturen etc. befasst, ist Grundvoraussetzung für alle folgenden Schritte.

Es wurde ebenfalls schon auf die Problematik der Datenqualität eingegangen. Auch diese Analyse des Altdatenbestandes sollte erfolgt sein, bevor man sich an die Methodenauswahl macht.

Nachdem also Altdaten analysiert sind, die zu migrierenden Daten identifiziert wurden und die Qualität dieser Daten geprüft wurde, sollte man sich mit dem Zielsystem befassen. In dieser zweiten Phase einer Datenmigration sollte nun das neue System auf Papier vorskizziert werden, die Prozesse des Altsystems sollten auf SAP abgebildet werden. Phase zwei ist demnach die Erstellung eines Business Blueprint.

Phase drei befasst sich dann, wie bereits in den letzten Kapiteln beschrieben, mit der Auswahl einer geeigneten Kombination aus Werkzeug und Methode für die Datenübernahme, anhand der hier definierten Kriterien.

Im Folgenden ist das entwickelte Vorgehensschema als Checkliste abgebildet und um weitere zwei Phasen der Migration ergänzt, welche im weiteren Verlauf der Arbeit näher betrachtet werden.

Vorgehensschema einer Datenmigration in 5 Phasen

1. Voranalyse des Fremdsystems
1.1 Analyse der Datenstruktur
1.2 Identifizierung der zu migrierenden Daten-Objekte
1.3 Qualitätssicherung der Altdaten
1.3.1 Analyse der Beziehungen zwischen den Daten
1.3.2 Prüfung auf Inkonsistenzen
1.3.3 Prüfung auf Dubletten (doppelte Einträge)

2. Voranalyse des Zielsystems
2.1 Entwicklung eines Business Blueprints
2.2 Identifizierung der relevanten Business-Objects
2.3 Analyse der Zielstruktur

3. Entscheidungsfindung für Vorgehensmethode
3.1 Analyse des Projektumfangs
3.2 Analyse auf Grad der Datenqualität
3.3 Auswahl eines geeigneten Verfahrens

4. Entwurf der Datenmigration
4.1 Aufbereiten der Altdaten
4.2 Abgleich mit Zielsystem (Fieldmapping)
4.3 Datenkonvertierung / Herstellung von homogenem Datenbestand

5. Datenübernahme und Test
5.1 Datenübernahme mit gewählten Methoden / Werkzeugen
5.2 Verifizierung der übertragenen Daten

Bis Einschließlich des Punktes 3.3 wurden die Ablaufschritte eines Migrationsprojektes bereits eingehender beschrieben. Der Fokus liegt nun also auf den Phasen 4 und 5 – also dem Entwurf der Migration und der eigentlichen Durchführung derselben.

3.4.2. Probleme bei der Datenaufbereitung und Konvertierung

Wenn die zu migrierenden Daten bekannt sind und man diese nun für eine Übertragung aufbereiten will, muss man sich zunächst über die möglichen Probleme im Klaren sein, welche eine Migration erschweren könnten. Dies wird hinterher eine Konvertierung in SAP-lesbare Formate erleichtern.

Viele Konvertierungsprobleme entstehen aus der Tatsache heraus, dass die Datenbanken der verschiedenen ERP-Systeme ganz unterschiedliche Strukturen haben, ihnen ganz verschiedene Daten-Modelle zugrunde liegen. So kann das Datenschema unzureichend definiert sein, so dass ungültige oder uneinheitliche Einträge zulässig sind, Duplikate oder fast identische Datensätze enthalten sind etc. [74]

Ebenso können sogenannte „Datenanomalien" auftreten, bezogen auf die Syntax der Daten oder auf deren Semantik. Dies kann z.B. der uneinheitliche Gebrauch von Werten sein oder die Verwendung von falschen Werten, falls das Altsystem unzureichende Integritätsbedingungen aufweist. [75]

Ein Beispiel hierfür wäre, wenn bei Mengenangaben einmal die Menge in Zahlen und dann in Worten eingegeben wird und das System dies nicht überprüft, da diese Angabe in diesem System vielleicht nur obligatorisch ist. Ist sie aber in SAP ein Muss-Feld, so wäre es wichtig, diese Angaben einheitlich in Zahlen vorliegen zu haben.

Genauso können fehlende Werte, welche vom Altsystem nicht beanstandet werden, in SAP zwingend notwendig sein und somit zu Übernahmeproblemen führen.

Abgesehen von diesen qualitativen Problemen müssen zusätzlich eventuell noch Veränderungen am Datenbestand vorgenommen werden, bevor dieser übernommen werden kann.

Diese Aufgaben können teilweise auch mit den Werkzeugen wie LSMW vollzogen werden, jedoch ist es wichtig, sich über diese Problematik im Klaren zu sein.

Wenn die Struktur der Altdaten der des neuen Systems anzugleichen ist, können folgende Situationen zu bewältigen sein:

- Umverteilen von Daten
- Neuaufteilung von Tabellen
- Zusammenlegen von Tabellen / Tabellenfeldern
- Umwandeln von verschiedenen Formaten (z.B. Datumsformat)

---

[74] [Rahm]: S. 3
[75] [Müller]. S. 6

- Dublettenerkennung und Beseitigung

So kann es zum Beispiel vorkommen, dass im neuen SAP-System eine Information in mehreren Feldern abgelegt ist, wo im Altsystem nur ein Feld genügt, in dem alle Informationen bislang abgelegt wurden. Hier ist dann das Datenfeld entsprechend aufzusplitten. Genauso müssen an anderer Stelle vielleicht Informationen zusammengefasst werden. Insbesondere viele Felder, welche das alte Daten-Modell nur systemintern benötigte und welche im neuen System keinen operativen Nutzen mehr haben, sollten identifiziert und von der Migration ausgenommen werden.

Ein weiterer, bislang nicht erwähnter Punkt ist auch die Fragestellung, wie all jene Felder zu belegen sind, welche das neue SAP-System vielleicht zwingend ausgefüllt haben möchte, für die es im Altsystem bislang aber keine Entsprechung gab.

Dieses Problem muss verständlicherweise vor einer Migration gelöst werden, da sonst die Daten nicht übernommen werden können. Es bestünde so kein homogener Datenbestand – bei Batch-Input z.B. würde SAP eine Übernahme sogar verweigern.

Somit ist im Vorfeld bereits ein homogener, SAP-konformer Datenbestand zu erzeugen, der dann mit der geeigneten Methode übernommen werden kann.

Werden keine Werkzeuge wie z.B. LSMW genutzt, sondern beschränkt man sich eventuell auf das reine Verfahren über Batch-Input, so sollte dieser Schritt losgelöst von den Systemen erfolgen.

Hierfür bietet sich an, die Daten zunächst aus dem Altsystem zu extrahieren, zum Beispiel in eine Textdatei. Diese kann man dann mit anderen Programmen wie z.B. Tabellenkalkulationsprogrammen weiterverarbeiten. Hier kann man dann die Tabellen – und Felder so neugestallten, dass sie den Anforderungen von SAP gerecht werden.

Im Zuge dessen können neue Muss-Felder hinzugenommen werden, alte Daten, die nur dem Altsystem dienlich waren, können entfernt werden.

Dieser Prozess erfordert einerseits eine sehr gute Kenntnis des Altsystems als auch der Tabellen – und Feldstruktur der SAP-Datenbank sowie des SAP-Systems selbst.

Denn neben der Datenstruktur müssen in SAP ebenso die Transaktionen bekannt sein, welche später auf diese Daten zugreifen, bzw. mit welchen die Daten z.B. per Batch-Input eingespielt werden sollen.

Diese Schritte der Datenaufbereitung zählen bereits zur Sicherung der Datenqualität und Datenbereinigung und zielen auf die Herstellung eines homogenen Datenbestands ab.

Allein an den bisher beschriebenen, notwendigen Prüfungen und Änderungen der Quelldaten wird deutlich, wie aufwendig dieser Prozessschritt innerhalb eines Datenübernahmeprojektes ist.

Es ist sicherlich die langwierigste Phase des ganzen Datenmigrationsprozesses.

Natürlich können einem hierbei Tools wie die von Informatica helfen, allerdings erfordern auch diese Tools zur Qualitätssicherung wieder Einarbeitungsaufwand, der dann wieder die Zeit für die Vorbereitungsphase erhöht.

Neben diesen Aufgaben ist es im nächsten Schritt dann die Aufgabe der für die Datenmigration Verantwortlichen, die konvertierten Felder und Tabellen so neu zu generieren, dass sie entweder direkt den SAP-Tabellen entsprechen, bzw. dass der neu erzeugte Datenbestand mithilfe von Batch-Input und den dazugehörigen SAP-Transaktionen in SAP übertragen werden kann.

Bei Verwendung von Tools wie LSMW ist dieser Schritt in den Ablaufprozess innerhalb des Werkzeugs fest integriert. Bei externer Herangehensweise muss dieser Schritt allerdings manuell durchgeführt werden.

Zu empfehlen sei dies an dieser Stelle nicht, da selbst die SAP bei Verwendung von anderen Werkzeugen wie der DX-Workbench immer LSMW als Werkzeug für die Datenkonvertierung und das Fieldmapping empfiehlt.[76]

Abschließend müssen nach erfolgter Aufbereitung der Daten und Migration mit dementsprechenden Methoden die neu eingespielten Daten noch getestet werden. Hierfür werden Prüfszenarios entwickelt und es müssen testweise Transaktionen und Abfragen aufgerufen werden, so dass sichergestellt wird, dass die Daten zum einen verfügbar sind und man zum anderen mit Ihnen auch arbeiten kann. Sie müssen sich in die Prozessstruktur des Business Blueprint einfügen, so dass die Daten z.B. für Berechnungen oder Auswertungen korrekt geladen und verarbeitet werden.

Wenn sichergestellt ist, dass die eingespielten Daten ihren Zweck entsprechend der definierten System-Blaupause erfüllen, ist die Datenübernahme erfolgreich gewesen.

3.5. Verschiedene Umsetzungen des Konzeptes

Das gerade vorgestellte Ablaufkonzept für Datenmigrationen soll nun im Folgenden anhand einiger Praxisbeispiele aus SAP demonstriert werden.

Ausgehend von einer Beispieldatei aus dem Altsystem BPCS bei Cooper werden alle Phasen des Konzepts durchlaufen und am Ende werden dann mehrere Möglichkeiten der Datenübernahme angewandt und miteinander verglichen.

---

[76] [help.sap.com]: Ablauf einer initialen Datenübernahme

Am Beispiel der Datenübernahme-Workbench ist im Folgenden eine Abbildung zu sehen, welche sehr gut nochmals die einzelnen Schritte während einer Datenmigration aufzeigt.

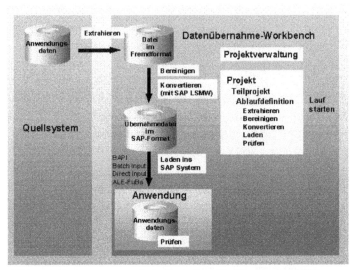

Abbildung 8 Vorgehensweise Datenübernahme-Workbench nach SAP

3.5.1. Voranalyse der Altdaten

Als Grundlage für die Datenübernahme wird ein Kundenstamm aus dem Altsystem „BPCS" im französischen Werk von Cooper verwendet. Die Extrahierung der Altdaten ist in diesem Fall bereits abgeschlossen, die Daten liegen in einem Excelfile vor. Der Tabellenaufbau ist mit der Struktur der Daten im Fremdsystem identisch.

Schon bei der ersten Betrachtung dieser Beispieltabelle zeigt sich der Umfang des zugrundeliegenden Migrationsprojektes. Innerhalb des Kundenstammes gibt es hier 112 Tabellenfelder – ein Großteil davon sind spezifische Felder für das alte ERP-System.

```
Vend    Rec    Vend
stat    stat   No     Vend name
A       VM     1000   ACHESON COLLOIDEN B.V.
D       VZ     1002   AFER
D       VZ     1003   AFP  CENPA
D       VZ     1004   AIR PRODUCTS AND CHEMICALS PUR
A       VM     1005   ANDFEL CORPORATION
A       VM     1006   ANJOU EMBALLAGES
D       VZ     1007   ARCO CARTON
A       VM     1008   ARTIMOULE
```
Abbildung 9 Beispieldatei für Übernahme (Auszug)

Dieser kleine Ausschnitt der Tabelle zeigt, dass z.b. die beiden ersten „Status" – Felder im späteren SAP-System nicht zwingend Verwendung finden, bzw. sogar mit ziemlicher Sicherheit überflüssig sein werden. Ähnlich verhält es sich mit vielen weiteren derartigen Feldern, welche hauptsächlich BPCS Informationen über den Datensatz mitteilen sollten.

Wie im letzten Kapitol bereits beschrieben, treten bei der Betrachtung der unberührten Quelldaten die Probleme zu Tage, welche eine Bereinigung des Datenbestands unumgänglich machen. So ist in folgender Abbildung deutlich zu sehen, wie verschieden zum Beispiel Postleitzahlen abgelegt wurden:

```
Post code
9679ZG
95052
76151
D-22851
60612
49380
93583
1100
92091
53020
D71686
17270
```
Abbildung 10 Postleitzahlen in Beispieldatei

Hieraus eine geordnete Struktur zu erkennen, fällt auf den ersten Blick sehr schwer. Nur mit menschlichem Sachverstand lässt sich hier erkennen, dass es sich wohl um eine Mischung aus Postleitzahlen aus Frankreich und Deutschland handeln muss. Doch einmal sind die deutschen Zahlen mit einem D am Anfang gekennzeichnet, das über einen Bindestrich verfügt, mal nicht. Dann tauchen wieder weitere Buchstaben am Ende einer Zahl auf – alles Konvertierungen, die scheinbar keiner Logik folgen. Diese könnten vielleicht in SAP übernommen werden, wenn das Feld für Postleitzahlen ein Char-String ist.

Sollte es sich allerdings um ein Feld handeln, welches nur Ziffern erwartet, hat man hier bereits eine große Konvertierungshürde – und die Postleitzahl ist erst das 8. Feld von 112.

Auch kann es sein, dass SAP die Postleitzahl verarbeiten möchte und gewisse Ansprüche an das Aussehen einer solchen hat. Derart verwirrende Angaben müssen daher zunächst auf ihre Korrektheit hin überprüft werden, damit sichergestellt ist, dass diese Angaben zunächst wirklich formal korrekt sind und nicht anders dargestellt werden können. Danach sollte eine einheitliche Konvertierung ausgearbeitet werden, welche alle Feldeinträge aller Datensätze in ein Format bringt.

In der zugrundeliegenden Tabelle finden sich allerdings noch viele weitere Anomalien. Mit großer Wahrscheinlichkeit werden derart unübersichtliche Tabellen auch in jedem anderen, über Jahre gewachsenen ERP-System vorhanden sein.

So gibt es eine menge Felder, welche bei insgesamt 1564 Datensätzen nur bei einem oder zwei Stellen einen Wert zugewiesen haben und bei welchem die besagten Felder oft nur schwer verständliche Bezeichnungen wie „Code" haben. Um welchen Code es hierbei geht, ist für jemand der das Altsystem nicht „in und auswendig" kennt, oft nicht ableitbar.

Konvertierungsprobleme aller Art gibt es zudem bei Feldern mit Telefonnummern, bei Feldern ohne Eintrag, wo selbst NULL-Werte fehlen oder wo Felder wirklich komplett bei allen Datensätzen unbelegt sind. Bei diesen Feldern ist wiederum unklar, wofür es eigentlich steht, genutzt werden derartige Felder aber offensichtlich nie.

Der erste Schritt bei der folgenden Datenanalyse muss daher sein, alle relevanten Datenfelder zu identifizieren und all jene, welche im späteren System keine Verwendung mehr finden, auszuschließen.

Neben den offensichtlichen Daten (Lieferantenname, Adresse, Postleitzahl, Telefonnummer, Lieferadresse) gibt es noch eine Vielzahl von Zusatzangaben, welche durchaus auch im späteren System von Bedeutung sein können (Länderschlüssel, Währungen, Zusatzadressen, einzuhaltende Normen, Bankdaten). Alle darüber hinausgehenden Felder sind meist administrative Felder, bei denen es zwar Entsprechungen in SAP geben kann, aber nicht muss und welche dann in SAP auch völlig anders aufgebaut wären. Zum Beispiel steht in der Ausgangstabelle als Zahlungsmethode „Methode of payment". Davon abgesehen, dass SAP hierfür andere Bezeichnungen verwendet, werden hier Daten in Form von Buchstaben („V", „C", „P" und „L") angegeben. Dies hat so definitiv keine 1:1 Entsprechung in SAP und müsste dementsprechend angepasst werden.

Wenn man die extrahierten Daten dahingehend neu strukturiert, dass wirklich nur reine Stammdaten übrigbleiben, so hat man am Ende noch übersichtliche 20 Felder, welche zu migrieren wären.

Der nächste Schritt besteht nun aus einer inhaltlichen Prüfung dieser Daten, auf grobe Eingabefehler oder doppelte Einträge etc.
Eventuell können so zusätzlich zur Breite der Tabelle auch noch Datensätze gestrichen werden. Hierfür ist im optimalen Fall ein Wissen um den tatsächlichen Kundenstamm hilfreich und sinnvoll, weshalb dieser Schritt in Absprache mit den jeweiligen Logistik-Abteilungen durchzuführen wäre.
Allgemein betrachtet bedeutet dies, dass eine Mitarbeit der einzelnen Unternehmens-Abteilungen immer zu empfehlen ist, wenn man die Daten aus dem Altsystem übernehmen möchte. Die Mitarbeiter kennen meist ihre Kunden und die Daten, die sie dazu bereithalten, am Besten und können so bei der Konvertierung in SAP-gerechte Formate eine große Hilfe sein, da etwaige Unklarheiten so besser und schneller beseitigt werden können. Fehlerhafte Daten werden so schneller erkannt und vermeintlich falsche und unwichtige – in Wahrheit aber zwingend erforderliche Daten, welche nur für Außenstehende schwer verständlich dargestellt wurden, können so unterschieden werden.

Da für die folgende Beispielmigration dieser Aufwand so nicht betrieben werden konnte, beschränkt sich der zu migrierende Datenbestand auf die wichtigsten Muss-Felder der Quelldaten.

3.5.2. Analyse des Zielsystems

Im Beispiel wurde bisher davon ausgegangen, dass genau bekannt ist, welche Daten zu migrieren sind, es lag bereits ein extrahierter Datenbestand vor. Damit fiel eine Analyse der Datenstruktur des Altsystems und die Analyse der zu migrierenden Daten-Objekte weg.
Im Folgenden ist es dennoch wichtig, im SAP-System zu analysieren, wohin die Daten des Kundenstammes nun migriert werden sollen.
Als Basis dafür dient der „Business Blueprint" von Cooper Standard Automotive, welches eine Soll-Beschreibung des späteren Systems darstellt.
Sollte bei ähnlichen Problemstellungen kein Business Blueprint zur Verfügung stehen, kann die SAP-Hilfe eine Möglichkeit sein, die Datenelemente zu identifizieren, welche zu den Altdaten passen. In diesem Beispiel ist dies der Kundenstamm von SAP.
Das entsprechende Business-Object heißt KNA1 (Debitoren-/Kundenstamm)[77]

---

[77] [help.sap.com]: Informationen zur Übernahme von Geschäftspartner-Stammdaten

Als nächsten Schritt sollte man sich die Transaktionen ansehen, welche mit diesem Objekt interagieren. Die wichtigsten hier sind „Anlegen", „Ändern" und „Anzeigen"; XD01, XD02 und XD03.

Bereits die erste Bildschirmmaske von XD01 zeigt, dass die Struktur von SAP hinter diesen Stammdaten gänzlich anders ist wie im alten System BPCS.

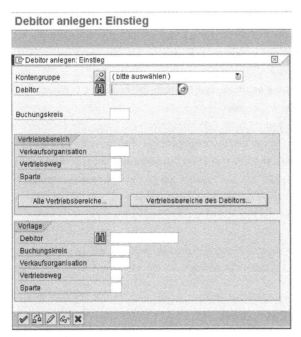

Abbildung 11 Screenshot SAP: Debitor anlegen

SAP hat hier neben dem Buchungskreis noch viele weitere Felder, welche so keine bzw. keine übernehmbare Entsprechung im Altsystem haben wie z.B. „Vertriebsweg" oder „Verkaufsorganisation".

Sollen diese Daten bei einer Datenübernahme eingepflegt werden, müssten sie bereits vorher im SAP-System hinterlegt werden und dann den zu migrierenden Daten hinzugefügt werden.

In der nächsten Maske tritt dann schon das nächste Problem auf, welches im vorherigen Kapitel bereits angedeutet wurde: SAP trennt Hausnummer und Straße bei der Adressverwaltung. Somit müssen bei dem zu migrierenden Datenbestand auch die Felder mit Adressangaben entsprechend aufgesplittet werden.

Weiterhin blockt SAP schon bei der beispielhaften, manuellen Eingabe eines Datensatzes bei der Postleitzahl, es erwartet einen 5-stelligen wert.

Auch ein weiteres Problem tritt auf, wenn zu wenige Daten eingegeben werden. So verlangt SAP hier ein „Abstimmkonto" zu welchem es keine Entsprechung im Altdatenbestand gibt, da dies SAP-spezifische Einstellungen sind. Bei einer Übernahme z.b. per Batch-Input müssten diese Daten ebenfalls im zu migrierenden Datenbestand eingepflegt werden, damit die Batch-Input-Mappe abgespielt werden kann.

Weitere Muss-Felder sind in diesem Beispiel SAP-seitig nicht zu belegen.

3.5.3. Entscheidung für Migrationstechnik

Die Entscheidung, wie die zu migrierenden Daten nun übernommen werden sollen, hängt wie schon erwähnt vom Umfang des Projektes ab. In diesem Fall haben wir nach einer ersten Analyse verbleibende 20 Datenfelder in der Quelltabelle und rund 1500 Datensätze, was sich bei der späteren Datenaufbereitung allerdings nochmals ändern kann. Bei weniger als 10000 Datensätzen und einer eher geringen Datenqualität wie in diesem Beispiel bietet sich allgemein das Batch-Input-Verfahren an, da es die Daten sehr zuverlässig integriert, einen fehlerfreien Datenbestand garantiert und bei einem derartigen Umfang auch eine akzeptable Laufzeit besitzt.

Gleichwohl bedeutet eine Entscheidung für das „reine" Batch-Input-Verfahren einen Verzicht auf die Konvertierungsstärken von LSMW. Die Aufbereitung der Daten, die Erzeugung der Batch-Input-Mappen etc. müssen komplett manuell erledigt werden.

Für eine initiale Datenübernahme welche meistens umfangreiche Konvertierungen am Datenbestand beinhaltet, sollte daher gemäß der Tabelle auf Seite 28 LSMW in Kombination mit Batch-Input verwendet werden. Optional kann natürlich auch mit IDocs oder BAPIs migriert werden. Auch hierfür werden im Folgenden kurze Beispiele gegeben, ebenso wird noch das Vorgehen mit der DX-Workbench angesprochen.

Zunächst bleiben wir bei dem gewählten Verfahren Batch-Input in Kombination mit der LSMW für die Datenkonvertierung.

3.5.4. Migrationsplanung

Im nächsten Schritt gemäß den in Kapitel 3.4.1 definierten Vorgehensphasen soll nun der Datenbestand für die Migration aufbereitet, sprich in SAP-taugliche Formate konvertiert werden.

Hierfür wird mittels LSMW ein Projekt angelegt, die bisherige Quellstruktur (vorbereinigt reduziert auf 20 Felder) wird dem System bekannt gegeben und es wird das Standard-Batch-Input-Programm RFBIDE00 (Debitor/Kunde) aufgerufen. Natürlich kann auch über eine Batch-Input-Aufzeichnung gearbeitet werden. Für dieses Beispiel würde sich dies zwar anbieten, allerdings werden in der Praxis die zu migrierenden Datenbestände sicher deutlich komplexer ausfallen, weshalb an dieser Stelle diese eher simple Methode nicht angewandt wird. Der Leistungsumfang von Batch-Input-Programmen ist dagegen ungleich größer.

Innerhalb der LSMW können nun sogenannte Umsetzungsregeln für die Daten verfasst werden, im Zuge des Fieldmappings. Hierbei können Daten umgeschlüsselt werden, d.h. alte Feldinhalte werden durch selbst definierbare Regeln neu umgesetzt, so dass SAP sie verarbeiten kann.

Nach dem darauf folgenden Einlesen und der Umkonvertierung der Daten, hat man einen Datenbestand, wie er beispielhaft in der folgenden Abbildung zu sehen ist.

Feldname	Feldtext	Feldwert
STYPE	Satztyp für Batch-Input-Schnittstelle	2
TBNAM	Tabellenname	BKNA1
ANRED	Anrede	/
NAME1	Name 1	ACHESON COLLOIDEN B.V.
NAME2	Name 2	/
NAME3	Name 3	/
NAME4	Name 4	/
SORTL	Sortierfeld	/
STRAS	Straße und Hausnummer	HAVEN NZ 6
PFACH	Postfach	/
ORT01	Ort	/
PSTLZ	Postleitzahl	9679ZG

Abbildung 12 Screenshot SAP: LSMW – Anzeige umgesetzter Daten

Anhand dieser Abbildung sieht man allerdings auch, dass LSMW in diesem Schritt noch keine Prüfroutinen durchläuft, da z.B. die Postleitzahl noch nicht den Kriterien von SAP entspricht.

Um derartige Fehler in den Daten zu beheben kann man bei LSMW die Umsetzungsregeln verwenden, bzw. eigene Routinen für die Konvertierung der Daten anlegen. Dies erfordert allerdings Kenntnisse in der ABAP Programmierung.[78]

Im Zuge der Einführung in die Thematik wurde zu Beginn der Arbeit schon auf die Möglichkeiten der Batch-Input-Aufzeichnung eingegangen. Auch diese Methode ist in Kombination mit der LSMW denkbar und ein besserer Ansatz, als wenn sie alleingestellt zum Einsatz kommen würde.

---

[78] [Willinger 2003]: S. 174 ff.

Hierbei wird die Transaktionsaufzeichnung aus der LSMW heraus gestartet. Dies vereinfacht nicht nur die Abläufe innerhalb des Werkzeugs sondern vor allem hat man so auch die Möglichkeit, einfach und schnell die ausgelesenen Daten der Aufzeichnung zuzuordnen.

Beim Standard-Batch-Input hat man mit unter viele Felder zur Auswahl, welche man so gar nicht belegen kann oder möchte. Bei kleineren Datenmengen mit wenigen Datenfeldern (wie im Beispiel nach der Reduzierung auf die wichtigsten Felder) ist daher mit unter eine einmalige Aufzeichnung sinnvoller.

Diese wird dann der LSMW übergeben wie die Struktur eines Standard-Batch-Input Programms. So ist besonders das Fieldmapping in diesem Falle ein leichtes, da es nur noch eine Quell – und Zielstruktur gibt und daher eine Zuweisung der Quellfelder zu den Zielfeldern denkbar einfach ist. [79]

Im Folgenden sieht man beispielhaft das Fieldmapping für ein stark vereinfachtes Beispiel des Quelldatenbestands dargestellt:

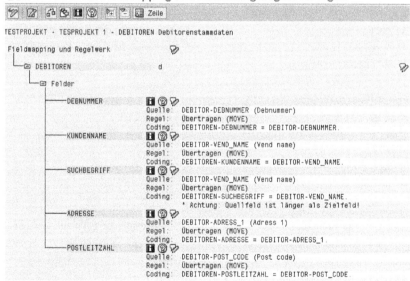

Abbildung 13 Screenshot SAP: LSMW – Fieldmapping

Am Ende sind dann nur noch aus LSMW die Batch-Input-Mappen zu erzeugen und abzuspielen. Dank der guten Fehlererkennung ist es so auch möglich eventuelle Fehler, die

---

[79] [Willinger 2003]: S. 204

sich dennoch eingeschlichen haben, nach dem Abspielen der Mappe zu korrigieren, da wie bereits beschrieben nur gültige Werte übernommen werden.

Möchte man statt mit Batch-Input mit IDocs oder BAPIs arbeiten, so muss entweder bereits ein BAPI dafür vorhanden sein oder man muss sich selbst eines erstellen. Für die IDoc-Verarbeitung ist eine sogenannte „Partnervereinbarung" Vorraussetzung. Ebenfalls muss dafür der entsprechende Partner definiert sein, mit dem Daten ausgetauscht werden wollen. Ohne definierten Partner und entsprechend vorliegender Vereinbarung wird LSMW die IDoc-Eingangsverarbeitung nicht starten. [80]

Abschließend sollen nun noch die Möglichkeiten der DX-Workbench betrachtet werden. Beim Anlegen eines Datenübernahmeprojekts muss hier bereits das Daten-Objekt angegeben werden, welches zu den zu übertragenen Daten passt. Hieran sieht man wiederum, dass die Voranalyse sowohl des Alt – als auch des Zielsystems nicht zu vernachlässigen ist. Für den Fall der Übernahme von Debitorendaten ist dieses Daten-Objekt wie bereits erwähnt KNA1.

Nachdem ein Projekt angelegt wurde, muss innerhalb der DX-Workbench eine sogenannte Ablaufdefinition angelegt werden. Innerhalb dieser Ablaufdefinition werden mehrere Aufgaben ausgeführt wie „Daten prüfen", „Daten konvertieren" oder „Daten laden". Die DX-Workbench bietet bei der Konvertierung auch direkt an, LSMW dafür zu verwenden. Hierfür muss in LSMW ein Projekt angelegt werden, welches diesen Schritt übernimmt. [81]

Die DX-Workbench selbst hat keine Funktionalitäten, welche das Einlesen der Datenstrukturen, das Fieldmapping oder die Umsetzung der Daten nach definierten Regeln erlauben würde. Hier müssen diese Schritte manuell oder durch externe Tools bzw. durch LSMW erledigt werden. [82]

Die DX-Workbench stellt allerdings in diesem Zusammenhang bei Verwendung mit Batch-Input keinen besonderen Vorteil dar.

Die Stärke des Tools liegt bei der Verwendung von Batch-Input vor allem auf der Erzeugung von Testdaten. Somit ist es möglich, anhand vom Programm generierten Testdateien Zusammenhänge zwischen Felder auf der Bildschirmmaske zu Feldern der eigentlichen Zielstruktur zu erkennen. [83]

Für die Verwendung von BAPIs gilt ebenso bei der DX-Workbench wie auch bei der LSMW, dass BAPIs selbst erstellt werden oder bereits vorhanden sein müssen.

---

[80] [help.sap.com]: Partnervereinbarung

[81] [Willinger 2003]: S. 297

[82] [help.sap.com]: Ablauf einer initialen Datenübernahme

[83] [Willinger 2003]: S. 295, S. 296

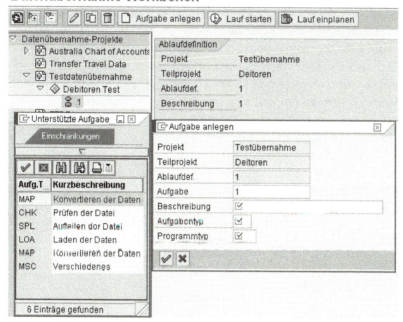

Abbildung 14 Screenshot SAP: DX-Workbench

3.5.5. Auswertung der Verfahren

Nachdem nun anhand des Praxisbeispiels mehrere Möglichkeiten zur Datenübernahme näher betrachtet wurden, lässt sich folgendes festhalten:

Das Zusammenspiel von Batch-Input und LSMW funktioniert sowohl bei der Verwendung von Aufzeichnungen als auch beim Verwenden der Standard-Batch-Input Programme sehr gut und recht einfach erlernbar.

Für kleinere, überschaubare Datenmengen, die im idealen Fall schon vorbereinigt sind und bei welchen eine hohe Datenqualität vorausgesetzt werden kann, ist es sinnvoll, die Batch-Input-Technik zusammen mit der Batch-Input-Aufzeichnung zu wählen. Generell wird auch hier der zusätzliche Einsatz von LSMW empfohlen, da dies die Einspielung und Konvertierung der Daten wesentlich vereinfacht. Umwege über „Serienbrieferstellung" von MS-Word entfallen somit ebenso wie eventuelle ABAP-Programmierungen.

Ist die Datenqualität nicht gänzlich gewährleistet, sollte man auf die Umsetzungsregeln von LSMW setzen und den Einsatz von Standard-Batch-Input-Programmen vorziehen, da diese einem größeren Freiraum bieten als eine Transaktionsaufzeichnung.

Für die Anwendung von IDocs und BAPIs müssen hier zunächst „Partnervereinbarungen" existieren, was auf dem zugrunde liegenden Testsystem nicht gegeben war. Generell bleibt daher die Empfehlung aus den vorangegangenen Kapiteln, die Datenübernahme per IDocs oder BAPIs nur bei großen Datenmengen und umfangreichen Datensätzen anzuwenden, da hierfür manuelle Programmierarbeit von Nöten ist.

Will man zudem eine optimale Performance erhalten bei der Migration, sollte man eine Kombination von DX-Workbench mit LSMW erstreben. Hierbei ist zu bemerken, dass die Datenübernahme-Workbench nicht so selbsterschließend und benutzerführend ist, wie LSMW und daher ein erhöhter Einarbeitungsaufwand mit einzuberechnen ist, sowohl in den Ablauf der DX-Workbench als auch in den Umgang mit BAPIs oder IDocs.

4. Zusammenfassung

An dieser Stelle soll ein kurzer Rückblick auf die behandelten Themen erfolgen und es soll von dieser Zusammenfassung ausgehend ein Blick dahingehend geworfen werden, wie die gewonnenen Erkenntnisse in der Praxis umgesetzt werden können.

4.1. Viele Konzepte, keine Normen

Für vieles in der Welt der Informatik und Wirtschaft gibt es bereits definierte Standards, Normen oder Vorgehensmodelle. Für das Thema der Datenübernahme oder Datenmigration ist es dahingegen schon schwer, klare Definitionen in der Fachliteratur zu finden. Jeder mag sich die Bedeutung dieser Begriffe herleiten können, doch in Zeiten, wo selbst einfachste Begriffe seitenweise definiert werden, erscheint dieser Definitionsmangel befremdlich.

Die Fachliteratur, welche sich speziell und exklusiv mit Datenübernahmeproblemen be fasst ist anders als man vielleicht erwartet eher dürftig, besonders im deutschsprachigen Raum.

Zwar gibt es in der zur Verfügung stehenden Literatur viele Beschreibungen von Datenproblemen und Anomalien, welche auch in diese Arbeit mit eingeflossen sind. Jedoch sucht man nach klaren und leicht zu befolgenden Vorgehensmodellen zum Thema Datenübernahme vergeblich.

In der Literatur fanden sich sehr allgemein gehaltene Empfehlungen, welche Schritte bei einer Datenmigration zu erst gemacht werden sollten, welche zuletzt. Doch den Ansprüchen eines Ablaufschemas, welches so standardisiert angewandt werden könnte, wird dies nicht gerecht.

Vielerorts wird dieses Thema nach wie vor als ein Sub-Thema des Großprojektes „ERP-Migration" aufgefasst. Natürlich ist dies ein Teilprojekt innerhalb eines Systemwechsels. Doch es ist mit unter einer der wichtigsten Schritte in diesem Change-Prozess.

Der Mangel an Vorgehensmodellen, Ansätzen und klaren Hilfestellungen zu diesem Thema ist es, welcher für Dienstleistungsunternehmen in diesem Sektor natürlich von großem Nutzen ist. Sie profitieren davon, dass somit ihr Know-how noch wertvoller für Unternehmen ist.

Wer als Unternehmer heute eine Datenmigration alleine stemmen möchte, kommt um die Verwendung von Werkzeugen und Methoden dazu kaum herum. SAP selbst stellt hierfür eine ganze Palette zur Verfügung.

Doch auch in diese Werkzeuge muss sich der Verantwortliche erst mühsam hineinarbei-
ten, eventuell muss er ABAP-Programmierkenntnisse besitzen etc.

Gerade den Themengebieten der Voranalyse der Altdaten und der späteren Aufbereitung
der zu migrierenden Daten wird noch zu wenig Bedeutung beigemessen.

In vielen Unternehmen herrscht sogar die Meinung, die Altdaten seien von hoher Datenqualität. Wenn sich früher niemand beklagte, wird nicht erkannt, dass sich dies mit einem
ERP-Wechsel ändern könnte.

Tools wie Batch-Input oder Werkzeuge wie die LSMW können keine Wunder vollbringen.
Ein komplizierter, unüberschaubarer Datenbestand, welcher unbereinigt übernommen
werden soll, wird auch das beste Werkzeug vor Probleme stellen. Daher ist eine Voranalyse der Altdaten und des neuen Systems unabdingbar denn erst auf dieser Grundlage
hin kann im nächsten Schritt dann die Bereinigung und Aufbereitung der Daten erfolgen.
Und erst dieser aufbereitete Datenbestand kann dann guten Gewissens migriert werden.

All dies erfordert einen hohen Aufwand. Einarbeitungszeiten sowie die Dauer all dieser
Prozessschritte werden ungleich länger sein, als die Zeit der eigentlichen Datenübernahme und der anschließenden Tests. Wird diese Erkenntnis im Vorfeld nicht genügend be-
dacht, kann es sein, dass zu wenig Zeit für das Projekt eingeplant wird und sich der Zeitpunkt, an welchem das System „live" gehen soll nach hinten verschiebt.

Wird zusätzlich nicht genügend wert auf die Voranalyse gesetzt, kommt man während des
Prozesses an den Punkt, wo Werkzeuge und Methoden an ihre Grenzen stoßen und weitere Verzögerungen sind die Folge.

Ohne gute Vorplanung und Vorüberlegungen sollte daher kein Datenmigrationsprojekt
angegangen werden.

4.2. Schlussbemerkungen

In der Zeit, in welcher diese Arbeit erstellt wurde, gelang es, sich in die Methoden Batch-
Input sowie grundlegend der Funktionsweise von LSMW einzuarbeiten. Bei beiden Werkzeugen kann zusätzliche Programmierung nötig oder sinnvoll sein. Die Zeit zur Erstellung
von eigenen Konvertierungsprogrammen ist dahingehen allerdings ungleich größer, sofern man nicht bereits über gute ABAP-Kenntnisse verfügt.

Ebenso verhält es sich mit der Erstellung von eigenen BAPIs für die Datenübernahme.

Wenn derartige Vorgehensweisen von Unternehmen zur Datenmigration gewählt werden,
ist darauf zu achten, dass entsprechend gut geschulte Spezialisten in diesen Gebieten die
Arbeit übernehmen, sofern man keinen hohen Einarbeitungsaufwand mit einplanen will.

Für große Datenmengen und komplexe Daten scheint eine Anwendung von BAPIs oder IDocs unumgänglich, wenn man sich nicht mit langen Laufzeiten einer Migration abfinden möchte. Hier ist in jedem Falle abzuwägen, wo man seine Prioritäten setzt.

Abschließend kann als Erkenntnis dieser Arbeit der Schluss gezogen werden, dass es mithilfe der SAP-eigenen Tools möglich ist, eine Datenübernahme kontrolliert und den Maßstäben der Datenqualität entsprechend durchzuführen. Besonders LSMW zeichnet sich hierbei durch seine gute Benutzerführung aus und scheint für Menschen ohne große Programmierkenntnisse oder tieferes Verständnis der internen Abläufe in SAP (BAPIS, APAP) in Kombination mit Batch-Input allgemein die beste Lösung für Datenmigrationsprojekte zu sein. Wird dabei das in dieser Arbeit vorgestellte und beispielhaft angewandte Vorgehensschema verwendet, lassen sich so auch Zeitverzögerungen sowie mindere Datenqualität sicher vorbeugen.

Literaturverzeichnis

[bsi.de]: Bundesamt für Sicherheit in der Informationstechnik:
http://www.bsi.de/gshb/deutsch/m/m02341.htm
aufgerufen am 07.08.2007

[Cooper]: Business Blueprint Materials Management, Cooper Standard Automotive, Vitre
2007

[Hansen]: Hansen, Hans Robert ; Neumann, Gustaf: "Wirtschaftsinformatik I", Lucius und
Lucius, Stuttgart, 2001

[help.sap.info]: Hilfeseite von SAP:
http://help.sap.info
aufgerufen zwischen Juli 2007 und August 2007

[Informatica]: "Informatica Data Quality Getting Started Guide Version 3.1", Informatica
Corporation, 2007

[informatica.com]: Homepage des Unternehmens "Informatica":
http://www.informatica.com/de/products/data_quality/default.htm
aufgerufen am 21.08.2007

[ITWissen.info]: Online Lexikon für Informationstechnologie:
http://www.itwissen.info/definition/lexikon/__migration_migration.html
aufgerufen am 17.09.2007

[Kleuker]: Kleuker, Stephan: „Grundkurs Datenbankentwicklung", Vieweg, Wiesbaden,
2006

[Meyers]: Meyers Lexikon Online 2.0:
http://lexikon.meyers.de/meyers/Migration
aufgerufen am 17.09.2007

[Müller]: Müller, Heiko ; Freytag, Johann-Christoph: "Problems, Methods, and Challenges in Comprehensive Data Cleansing", Technical Report HUB-IB-164, Humboldt-Universität zu Berlin, 2003

[Pentadoc.de]: Homepage der Pentadoc AG:

http://www.pentadoc.de/radar/?id=697

aufgerufen am 17.09.2007

[Rahm]: Rahm, Erhard ; Do, Hong Hai: "Data Cleaning: Problems and Current Approaches", IEEE Bulletin 23(4), Universität Leipzig, 2000

[SAPinfo]: Homepage der SAP:

http://www.sap.info/index.php4?ACTION=noframe&url=http://www.sap.info/public/DE/de/index/PrintEdition-78313c678e1d04029-de/-1/comvArticleContainer-198983c63c36b8c8c7

aufgerufen am 31.07.2007

[Voss]: Voss, Andreas: „Das große PC & Internet Lexikon 2005", Data Becker, Düsseldorf, 2005

[Willinger 2003]: Willinger, Michael ; Gradl, Johann:„Datenmigration in SAP R/3", SAP Press, Bonn, 2003

www.ingramcontent.com/pod-product-compliance
Lightning Source LLC
La Vergne TN
LVHW092355060326
832902LV00008B/1048